새 연세한국어
듣기와 읽기 5-2

연세대학교 한국어학당 편

연세대학교 출판문화원

머리말

연세대학교 한국어학당은 1959년에 설립된 한국 최초의 외국어로서의 한국어 교육 기관이다. 연세대학교 한국어학당은 그간의 역사와 명성에 걸맞게 다양한 한국어 교재 편찬 및 관련 연구를 해옴으로써 한국어 교육을 선도해 왔다. 지금까지 전 세계에서 온 약 150여 개국의 17만여 명에 이르는 한국어 학습자에게 한국어와 한국 문화를 가르쳐 왔으며, 최근에는 빠른 속도로 변화해 가는 교육 환경에 맞추어 오프라인 한국어 교육뿐만 아니라 온라인 한국어 교육 콘텐츠 개발에도 노력을 기울이고 있다. 이미 세계 각국의 한국어 학습자를 대상으로 글로벌 온라인 대중 공개 강좌(MOOC)를 개설하여 학습자들로부터 큰 호응을 얻었고 연세대학교 온라인 교육 혁신 플랫폼인 런어스(LearnUs)에도 최신 기술을 활용한 한국어 콘텐츠를 올려서 학습자들을 만나는 중이다.

연세대학교 한국어학당은 그간 일반 목적 한국어 학습자들뿐만 아니라 특수 목적 한국어 학습자들을 대상으로 정규과정, 단기과정, 대학 한국어 과정 등 다양한 교육과정을 개설 운영하면서 학습자의 요구에 부응하는 최상의 교재를 개발해 왔다. 이러한 교재들은 국내외의 한국어 교육 기관에서 교사와 학습자들의 다양한 요구를 충족시키며 양질의 한국어 교수·학습을 위해 널리 사용되고 있다.

연세대학교 한국어학당은 그간 가장 큰 호응을 받아 왔던 '연세한국어' 1급~6급의 뒤를 이을 새로운 교재로 '새 연세한국어' 시리즈를 기획 출간하게 되었다. 이 교재의 개발을 위해 한국어 교육 현장 경험이 풍부한 전문 한국어 교육학자 및 교사들이 대거 투입되었고 최상의 한국어 교수법 및 학습자 집단의 요구에 대한 이해를 바탕으로 개발 작업이 장기간에 걸쳐 수행되었다.

이번에 출간된 '새 연세한국어' 시리즈는 총 6단계로 각 단계마다 어휘와 문법 교재, 말하기와 쓰기 교재, 듣기와 읽기 교재로 구성되어 있다. '새 연세한국어 어휘와 문법'은 한국어 학습자들이 각 숙달도별로 가장 필수적으로 익혀야 하는 주요 어휘와 문법에 대한 이해와 활용을 중심으로 구성되었다. '새 연세한국어 말하기와 쓰기'는 원활한 한국어 의사소통을 위해 꼭 필요한 표현 기능을 수행할 수 있도록 말하기, 쓰기 과제를 중심으로 구성되었다. 또한 '새 연세한국어 듣기와 읽기'는 듣기, 읽기 과제를 중심으로 각 급별 숙달도에 적절한 이해 능력을 함양시킬 수 있도록 구성되었다. 이 세 권의 교재는 어휘·문법, 표현, 이해 능력의 고른 발달을 위해 패키지로 함께 사용될 수도 있고, 교육 현장 여건이나 학습자의 요구에 따라 별도로 사용될 수도 있다. 또한 어휘와 문법 교재의 경우 별도의 지침서가 무료로 제공되므로 교육 경험이 다소 부족한 국내외의 한국어 교사들에게 유용한 길잡이가 될 수 있을 것이다.

연세대학교 한국어학당은 앞으로도 전 세계의 한국어 학습자들의 요구와 기대에 부응하는 교재 개발을 위해 최선을 다할 것이다. 아울러 본 교재가 국내외에서 한국어 교육을 위해 노력을 아끼지 않는 많은 교사와 한국어 학습을 위해 노력하는 모든 학습자들에게 크게 도움이 되기를 바란다.

연세대학교 언어연구교육원
한국어학당 교재편찬위원회

일러두기

01 이 책은 <새 연세한국어 어휘와 문법5>, <새 연세한국어 말하기와 쓰기5>와 함께 한국어 고급 학습자들이 사용하도록 구성된 교재이다.

02 이 책은 한국어 고급 학습자들이 한국어로 된 글을 읽거나 이야기를 듣고 이해할 수 있는 능력을 키울 수 있도록 구성된 이해 능력 개발 교재이다.

03 이 책은 총 20과이며 각 과는 2개의 소단원으로 구성되어 있다. 그리고 2개 과마다 앞에서 학습한 내용을 복습할 수 있는 복습 10개와 한국 문화에 대한 소개 10개를 실었다. 각 소단원은 50분 수업 분량으로 이 책은 총 50회의 수업을 진행하도록 구성되어 있다.

04 이 책의 각 소단원은 '제목, 학습 목표'와 '준비해 봅시다, 들어 봅시다(읽어 봅시다), 정리해 봅시다'의 3단계로 구성되어 있다. 각 소단원은 읽기 또는 듣기 기능을 수행하도록 구성되어 있으며 전체적으로 읽기 능력과 듣기 능력을 균형 있게 향상시킬 수 있도록 구성되어 있다.

05 각 과와 소단원의 제목은 <새 연세한국어 어휘와 문법5>와 동일하다.

06 '학습 목표'는 '-에 대한 글을 읽고 이해할 수 있다' 또는 '-에 대한 이야기를 듣고 이해할 수 있다'와 같이 이해 기능이 드러나도록 기술되어 있다.

07 '준비해 봅시다'는 각 소단원의 들어가기에 해당되며 해당 단원의 읽기나 듣기 내용의 이해를 돕기 위한 준비 단계이다. 소단원의 주제에 대한 배경 지식을 환기시키는 시각 자료와 질문으로 구성되어 있다.

08 '들어 봅시다'는 짧은 이야기 듣기에서 시작해서 긴 이야기 듣기로 내용을 순차적으로 확대하여 제시했다. 강의, 뉴스, 방송, 토론, 발표 등 한국어 고급 학습자들에게 유용한 내용으로 구성되어 있으며 공식적이고 사회적인 맥락을 고려한 듣기 내용으로 제시되어 있다.

09 '읽어 봅시다'는 한국어 고급 학습자들에게 필요한 읽기 자료를 다양하게 제시하였다. 기사, 설명문, 소설, 수필 등 공식적이고 사회적인 맥락에서 접할 수 있는 내용의 실용문을 통해서 읽기 능력을 향상시키는 데 초점을 맞추고 있다.

10 '정리해 봅시다'는 마무리 단계로서 각 소단원에서 학습한 내용을 학습자 스스로 확인하고 점검하고 다른 언어 능력과의 통합 교육을 통해서 한국어 능력을 강화하도록 구성되어 있다.

11 '복습'은 정리하고 마무리하는 단계로서 선행 학습한 2개 과의 주제와 관련된 읽기나 듣기 활동으로 구성되어 있으며, 해당 내용을 파악하는 질문을 제시하였다.

12 '문화'는 선행 학습한 2개 과와 관련된 한국의 문화를 소개함으로써 한국에 대한 이해를 돕도록 구성되어 있으며, 학습자들이 자신의 의견을 소개할 수 있도록 관련된 질문을 제시하였다.

13 부록에는 듣기 지문과 모범 답안, 어휘 색인을 제시하였다.

단원구성

과	소단원	학습 목표	문화
11과 직업과 직장	<1> 적성과 직업	적성과 직업에 대한 글을 읽고 이해할 수 있다.	최저 임금제
	<2> 구인과 구직	구인과 구직에 대한 이야기를 듣고 이해할 수 있다.	
12과 경제와 생활	<1> 시장의 변화	시장의 변화에 대한 이야기를 듣고 이해할 수 있다.	
	<2> 소비자 피해와 보상	소비자 피해 보상에 대한 이야기를 듣고 이해할 수 있다.	
13과 유행과 한류	<1> 옷차림과 유행	유행과 옷차림에 대한 이야기를 듣고 이해할 수 있다.	세계 최고의 패션 거리, 동묘 시장
	<2> 세계 속의 한류	한류와 케이팝(K-pop)에 대한 글을 읽고 이해할 수 있다.	
14과 대중문화와 영상 매체	<1> 한국 영화의 현주소	한국 영화의 성장과 문제점에 대한 글을 읽고 이해할 수 있다.	
	<2> 대중 매체의 변화	1인 인터넷 방송의 열풍에 대한 이야기를 듣고 이해할 수 있다.	
15과 개인과 공동체	<1> 봉사하는 삶	봉사와 기부에 대한 글을 읽고 이해할 수 있다.	한국인의 공동체 문화, 품앗이와 두레
	<2> 하나가 되는 지구촌	비정부 기구와 국제 문제에 대한 이야기를 듣고 이해할 수 있다.	

<table>
<tr><th>과</th><th>소단원</th><th>학습 목표</th><th>문화</th></tr>
<tr><td rowspan="2">16과 사회 공동체</td><td><1>
이기주의의 극복</td><td>이타심에 대한 글을 읽고 이해할 수 있다.</td><td rowspan="2">한국인의
공동체 문화,
품앗이와 두레</td></tr>
<tr><td><2>
함께하는 다문화 사회</td><td>이타심에 대한 글을 읽고 이해할 수 있다.</td></tr>
<tr><td rowspan="2">17과 자연과 인간</td><td><1>
자연의 아름다움</td><td>자연의 아름다움에 대한 글을 읽고 이해할 수 있다.</td><td rowspan="4">경회루</td></tr>
<tr><td><2>
환경 파괴와 환경 보호</td><td>환경 파괴와 환경 보호에 대한 이야기를 듣고 이해할 수 있다.</td></tr>
<tr><td rowspan="2">18과 건축과 환경</td><td><1>
한옥의 과학성</td><td>한옥의 과학성에 대한 글을 읽고 이해할 수 있다.</td></tr>
<tr><td><2>
건축과 공간</td><td>친환경 건축에 대한 이야기를 듣고 이해할 수 있다.</td></tr>
<tr><td rowspan="2">19과 한국 역사의 이해</td><td><1>
한국 역사의 흐름</td><td>한국 역사에 대한 글을 읽고 이해할 수 있다.</td><td rowspan="4">돌잡이</td></tr>
<tr><td><2>
소중한 문화유산</td><td>문화유산에 대한 글을 읽고 이해할 수 있다.</td></tr>
<tr><td rowspan="2">20과 한국의 풍습</td><td><1>
출생, 관례, 혼례</td><td>관례, 혼례에 대한 이야기를 듣고 이해할 수 있다.</td></tr>
<tr><td><2>
장례와 제례</td><td>제례에 대한 글을 읽고 이해할 수 있다.</td></tr>
</table>

차례

등장인물 | Main characters

에릭 파커
- 미국
- 한국어학당 학생
- 한국전자 직원

존 카마우
- 케냐
- 한국어학당 학생
- 교환 학생

사토 유키
- 일본
- 한국어학당 학생
- 기자

리타오
- 중국
- 한국어학당 학생
- 대학 입학 예정자

노라 한슨
- 노르웨이
- 한국어학당 학생
- 대학원 입학 예정자

최주앙
- 브라질
- 한국어학당 학생
- 대학 휴학생

응웬 흐엉
- 베트남
- 한국어학당 학생

레오 마르탱
- 프랑스
- 한국어학당 학생
- 요리사

올리비아 스미스
- 호주
- 한국어학당 학생
- 외교관

이윤아
- 한국
- 대학생

정하늘
- 한국
- 대학생

김우진
- 한국
- 한국전자 직원

새 연세한국어

듣기와 읽기 5-2

11과

직업과 직장

1. 적성과 직업

MP3 / 26

• 학습 목표: 적성과 직업에 대한 글을 읽고 이해할 수 있다.

Ⅰ. 준비해 봅시다

1 여러분의 성격과 적성에 대해서 생각해 본 적이 있습니까? 여러분에게 어울리는 직업은 무엇이라고 생각합니까?

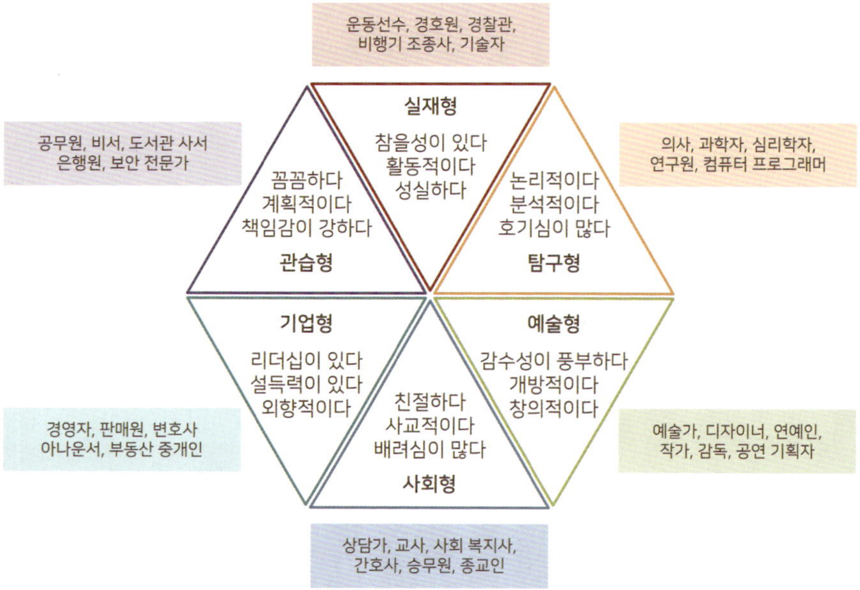

홀랜드(Holland) 진로 적성 검사

2 여러분 나라에서는 직업을 선택할 때 무엇을 가장 중요하게 생각합니까? 오늘날 직업을 선택하는 기준이 예전과 달라지는 원인은 무엇일까요?

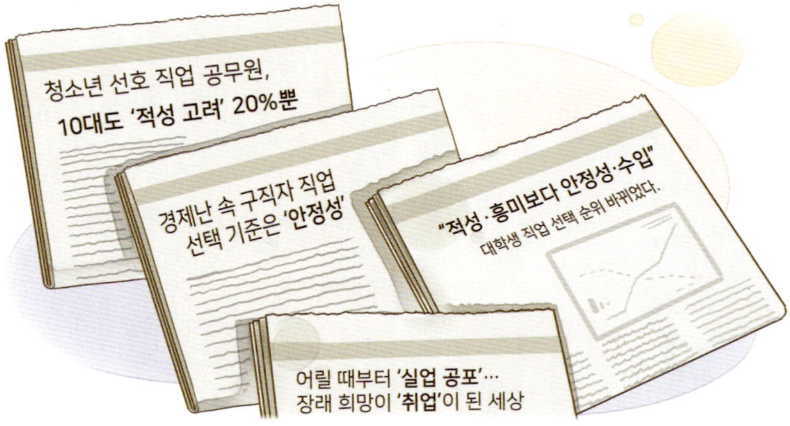

I. 읽어 봅시다

한국 대학생의 직업에 대한 인식 조사

발표자: 노라 한슨

1. 조사 동기

최근 통계청에서 실시한 한 조사 결과에 따르면 한국 대학생이 직업을 선택할 때 가장 중요하게 생각하는 기준은 직업 안정성이라고 한다. 그 다음으로 높은 순위를 차지한 것은 소득이었다. 몇 년 전 조사에서는 적성이 가장 중요하다는 응답이 많았었는데 현재는 적성보다 안정성이나 소득이 더 중요한 기준으로 꼽히고 있다. 그렇다면 실제로 대학생들이 희망하는 직업은 무엇이며 그 직업을 원하는 구체적인 이유는 무엇일까? 이 조사를 통해서 한국 대학생이 선호하는 직업과 직업관에 대해서 알아보고자 했다.

2. 조사 방법과 대상

기간	11월 1일~8일	장소	신촌 Y대학교 학생회관
대상	20대 대학생 2~4학년	응답자	총 30명(남자 15명, 여자 15명)

3. 질문 내용과 결과

1.1. 앞으로 어떤 직업을 갖기를 희망합니까?

총 30명의 응답자 중 가장 많은 수인 9명이 공무원이나 교사가 되고 싶다고 했으며 그 다음으로는 대기업(7명), 외국계 기업(5명) 등에서 일하고 싶어 하는 사람이 많았다. 네 번째 순위로는 IT 기업 직원(4명), 다섯 번째로는 창업, 프리랜서(3명)라는 응답이 그 뒤를 이었고 아직 잘 모르겠다거나 생각해 본 적이 없다는 기타 의견(2명)도 있었다.

1.2. 이 직업을 원하는 이유는 무엇입니까?

희망 직업	선호 이유	
공무원, 교사	- 경제 상황에 상관없이 오래 안정적으로 일할 수 있어서 - 부모님이 원하셔서	
대기업 직원	- 연봉이 높기 때문에	- 직원 복지가 잘되어 있어서
외국계 기업 직원	- 자유로운 기업 문화가 좋아서	- 개인 생활을 존중해 줘서
IT 기업 직원	- 미래에 전망이 좋다고 생각해서	- 전공을 살리고 싶어서
창업, 프리랜서	- 진짜로 해 보고 싶던 일에 도전하고 싶어서	
기타	- 아직 진로 탐색 중	- 생각해 본 적 없음

안정성　희망하다　창업　뒤를 잇다　직원 복지　전공을 살리다

2.1. 자신이 원하는 직업이 자신의 적성에 잘 맞는다고 생각합니까?

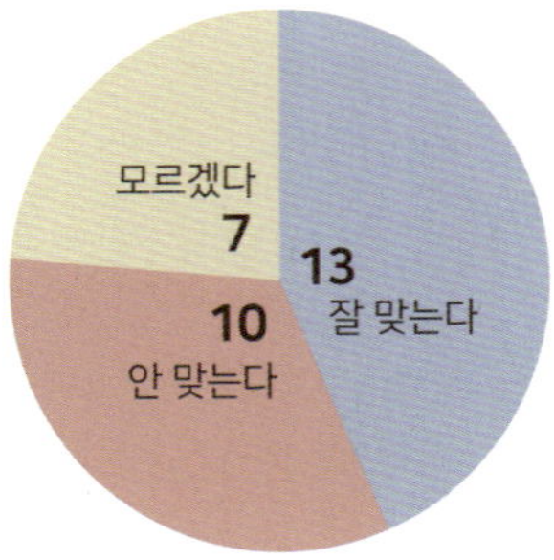

희망 직업과 적성의 관계를 묻는 질문에 13명은 잘 맞는다고 응답했고 10명은 안 맞는다, 7명은 모르겠다고 대답했다. 희망 직업과 자신의 적성이 잘 맞는다고 응답한 사람이 가장 많기는 했지만 전체적으로는 희망 직업과 적성이 관계가 있다고 보는 입장보다 그렇지 않다고 보는 입장이 더 많은 것으로 나타났다.

2.2. ('안 맞는다', '모르겠다'라고 응답한 경우) 직업을 선택하는 데 적성은 중요하지 않다고 생각합니까?

희망 직업이 자신의 적성에 안 맞는다거나 모르겠다고 응답한 학생들에게 직업 선택 시 적성이 중요하지 않다고 생각하는지 다시 물었다. 예상 외로 적성이 중요하다는 응답이 두 배 이상 많았다. 그런데도 적성과 큰 관계가 없는 직업을 원하는 이유는 다른 조건이 더 중요하다고 생각하기 때문이었다. 한편 학생 때 생각하는 적성과 사회에 나가서 느끼는 적성은 다를 수 있고 차이가 있더라도 사회생활을 해 나가면서 충분히 극복할 수 있기 때문에 중요하지 않다는 의견도 있었다.

4. 결론과 의견

이 조사를 통해서 한국 대학생들은 실제로 안정성이 높은 직업을 선호한다는 것을 알 수 있었다. 가장 많은 학생이 선택한 공무원이나 교사는 실제로 은퇴 시기까지 안정적으로 일할 수 있는 직업이기 때문이다. 또 높은 보수 때문에 대기업을 희망하는 학생도 많았다. 한편 직업 선택 시 적성의 중요성을 묻는 질문에서 많은 학생은 적성이 중요하기는 하지만 개인이나 사회의 경제 상황을 고려하여 다른 조건을 더 중시할 수밖에 없다고 답했다. 이는 학생들의 고용 불안감, 즉 취업은 물론 안정적인 직장 생활을 유지하는 것도 불투명한 현실에 대한 두려움을 잘 보여 준다. 앞으로 경제 상황이 어떻게 변할지는 확신할 수 없지만 많은 청년들이 자신의 적성에 맞는 일을 찾아서 즐겁게 도전할 수 있는 사회 분위기가 조성됐으면 한다.

고용 불안감　불투명하다　확신하다　조성되다

1 무엇에 대한 조사 보고서입니까? (　　)

① 대학생이 선호하는 직업
② 대학생의 전공별 희망 직업
③ 적성에 맞는 일을 찾는 방법
④ 직업 선택 시 적성의 중요성

2 특정 직업을 선호하는 이유에 대한 조사 결과를 다음과 같이 정리할 때 빈칸에 알맞은 단어를 보기에서 골라서 쓰십시오.

보기　대기업　외국계 기업　IT 기업　창업

조사 결과, 개인 생활을 중시하는 사람은 주로 1) ______________ 을/를 선호하고 미래 전망을 고려하는 사람은 2) ______________ 을/를 원하는 것으로 나타났다.

3 이 글의 내용과 같으면 ○, 다르면 X 하십시오.

1) 희망 직업이 적성에 맞는다는 응답이 맞지 않는다는 응답보다 많다. (　　)
2) 사회생활을 하다가 보면 적성이 달라질 수 있다는 의견도 있다. (　　)

4 조사 결과에 대해서 글쓴이의 생각과 같은 것을 고르십시오. (　　)

① 대다수의 직장인들이 고용 불안감을 느끼고 있다.
② 소득이 높은 일보다 안정적인 일이 더 좋은 직업이다.
③ 많은 청년들이 적성에 맞는 일을 할 수 있었으면 한다.
④ 직업을 선택할 때 좀 더 다양한 조건을 고려해야 한다.

III. 정리해 봅시다

여러분의 인생에서 직업이 갖는 의미는 무엇입니까? 직업을 선택할 때 가장 중요한 것이 무엇이라고 생각합니까?

내가 좋아하고 잘할 수 있는 일이 좋은 직업이라고 생각합니다. 전 요리를 하는 것도 즐겁고 사람들이 제 요리를 맛있게 먹는 모습을 보는 것도 행복합니다.

저는 앞으로 환경을 지키는 환경 단체에서 일하고 싶어요. 이 세상을 좀 더 살기 좋은 곳으로 만드는 것이 가장 가치 있고 중요한 일이라고 생각하거든요.

무엇보다 안정적인 생활을 유지할 수 있게 해 주는 직업이 좋다고 생각해요. 저는 만족할 만한 월급을 받을 수 있고, 안정성도 높은 직업을 선택할 거예요.

개인에게 계속해서 발전할 기회를 주는 직업이 좋은 직업이지요. 저는 기자로 일하면서 늘 새로운 사람과 환경을 만나기 때문에 그만큼 배우고 성장할 수 있어요.

11과 직업과 직장

2. 구인과 구직

MP3 / 27

• 학습 목표: 구인과 구직에 대한 이야기를 듣고 이해할 수 있다.

준비해 봅시다

1 '취업난', '구직난'이라는 말을 들어 봤습니까? 여러분 나라에서는 취업을 위해서 어떤 노력을 합니까?

올해 대학 졸업 예정자 중 취업자 비율

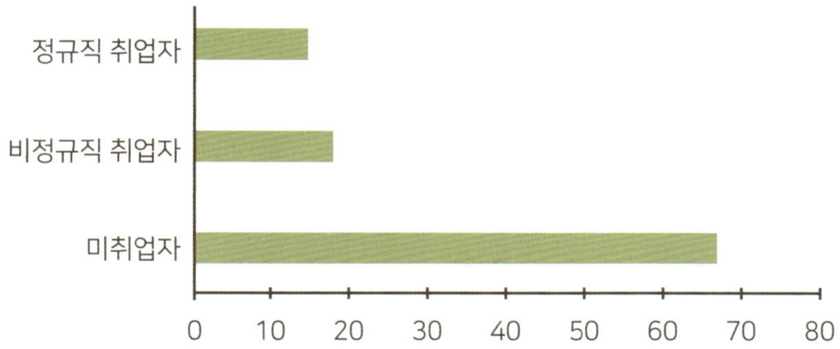

2 취업과 관련해서 최근에 생긴 말이 있습니까? 이러한 신조어들은 어떠한 현실을 반영하고 있습니까?

연세일보

취업난 속 '취준생'들의 현실을 담은 신조어 등장

2000년대 이후 대졸자의 취업난이 극심해지면서 이러한 상황을 반영하는 새로운 신조어들이 등장했다. 취업 지원자의 경쟁력을 의미하는 '스펙'은 이미 많이 알려져 있고 여기에 외모도 경쟁력이라는 인식을 더한 '페이스팩'이라는 말도 생겼다. 또 취업 지원자들이 쓰는 자기소개서(자소서)는 합격을 위해서 꾸며 낸 이야기가 많다는 의미로 '자소설(자기소개서+소설)'이라고 하기도 한다. 이는 모두 '취준생', 즉 취업 준비생의 고단함을 그대로 보여 주는 말들이라고 할 수 있다.

Ⅱ. 들어 봅시다

[1] 듣고 질문에 답하십시오.

1 들은 내용과 같은 것을 고르십시오. (　　)

① 남자는 현재 취업 준비를 하고 있다.
② 여자는 1년 동안 계약직으로 일하고 있다.
③ 남자는 은행에서 빌린 돈을 갚고 있는 중이다.
④ 여자는 남자에게 계속 회사에 다닐 것을 권한다.

[2~3] 듣고 질문에 답하십시오.

2 무엇에 대해서 이야기하고 있습니까? (　　)

① 한국 청년들의 구직난
② 중장년층 실업률 증가
③ 근무 환경 개선을 위한 노력
④ 정규직과 계약직의 소득 격차

3 각 토론자의 입장으로 맞는 것을 연결하십시오.

1)	국회의원	•	• 구직자들이 효과를 실감할 수 있는 정책이 별로 없다.
2)	소장	•	• 문제 해결을 위해서 정부도 다양한 노력을 하고 있다.
3)	청년 대표	•	• 정부의 일자리 공급이 실제 수요보다 부족한 상황이다.

정규직 전환　무작정　장담하다　시행하다　미치다　권고하다

[4~6] 다시 듣고 질문에 답하십시오.

4 취업난 해결을 위한 정부의 대응책으로 맞지 않는 것을 고르십시오. (   )

① 해외 기업에 취업을 하고자 하는 청년들을 돕는다.
② 기업이 매년 더 많은 신입 사원을 뽑을 수 있도록 지원한다.
③ 공공 기관에서 청년들이 업무 경험을 해 볼 수 있는 기회를 준다.
④ 대학생들이 중소기업 업무를 체험해 볼 수 있는 프로그램을 운영한다.

5 청년 대표의 의견으로 맞는 것을 고르십시오. (   )

① 청년들도 취업을 위해서 눈높이를 낮춰야 한다.
② 정부는 청년들이 무엇을 원하는지 알아야 한다.
③ 정부가 보다 적극적으로 중소기업을 지원해야 한다.
④ 각 기업의 근무 환경을 청년들에게 제대로 알려야 한다.

6 다음 빈칸에 들어갈 말로 알맞은 것을 고르십시오. (   )

정 소장은 대기업과 중소기업의 차이를 좁히지 않는 이상
________________________________.

① 중소기업 경영의 어려움은 계속될 거라고 이야기한다.
② 대기업 중심의 경제 성장 문제가 해결되지 않을 거라고 생각한다.
③ 임금 격차로 인한 상대적 박탈감 문제는 풀리지 않을 거라고 말한다.
④ 청년들이 대기업으로만 몰리는 현상을 막을 수 없을 거라고 주장한다.

실적 부진하다 압박을 가하다 고용 여력 지원책 피부에 와 닿다 쏠림 현상

Ⅲ. 정리해 봅시다

취업 시장에서 경쟁력을 갖춘다는 것은 어떤 의미일까요? 여러분은 미래에 하고 싶은 일을 하기 위해서 어떤 준비를 하고 있습니까?

학점 관리

외국어 공부

아르바이트·인턴 경험

공모전 참가

12과 경제와 생활

1. 시장의 변화

MP3 / 28

• 학습 목표: 시장의 변화에 대한 이야기를 듣고 이해할 수 있다.

준비해 봅시다

1 여러분 나라에서도 혼자 사는 사람이 늘고 있습니까? 1인 가구를 생각하면 제일 먼저 떠오르는 단어가 무엇입니까?

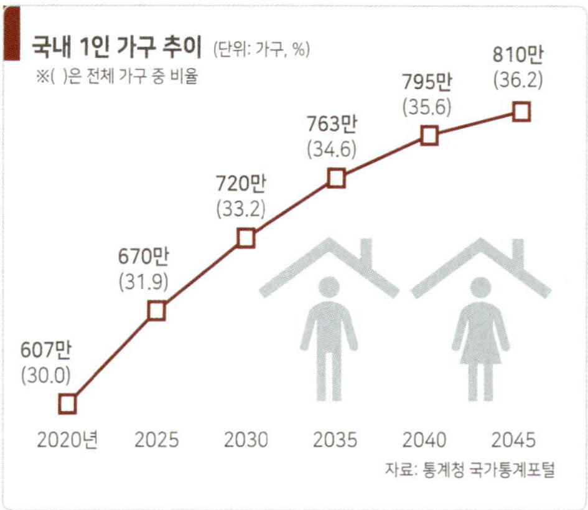

2 다음 책들은 어떤 내용일까요? 사회 구조가 바뀌면 시장에는 어떤 변화가 일어납니까?

Ⅱ. 들어 봅시다

[1] 듣고 질문에 답하십시오.

1 들은 내용과 다른 것을 고르십시오. (　　)

① 김우영 씨는 집에서 요리를 거의 하지 않는다.
② 혼자 사는 사람들은 대형 가전제품을 사지 않는다.
③ 간편 조리 식품은 집에서 끓이기만 하면 먹을 수 있다.
④ 김우영 씨는 배송이 빨라서 온라인으로 식재료를 구매한다.

[2~3] 듣고 질문에 답하십시오.

2 이 강연의 대상은 누구입니까? (　　)

① 경영학과 학생
② 혼자 살고 있는 사람
③ 결혼을 앞두고 있는 사람
④ 사업을 시작하려고 하는 사람

3 1인 가구의 특징은 무엇입니까? 다음 표를 완성하십시오.

1인 가구의 특징	예
1) ____________ 을/를 아끼지 않는다.	여행, 2) ____________, 레저, 건강, 취미에 적극적으로 투자
3) ____________ 을/를 선호한다.	정기 배송, 24시간 배송, 4) ____________ 관련 앱 등 이용
5) ____________ 는/은/ㄴ 소비를 하려고 한다.	가성비와 6) ____________ 중시, 해외에서 직접 구매하는 방법 이용
간편하고 빠른 것을 선호한다.	7) ____________ 즐겨 이용, 편의점 애용

홀로　소포장　부진　증가세　저성장　수용하다　사별　대비　가성비　가심비
성행하다

[4~6] 다시 듣고 질문에 답하십시오.

4 들은 내용과 같은 도표를 고르십시오. (　　)

①
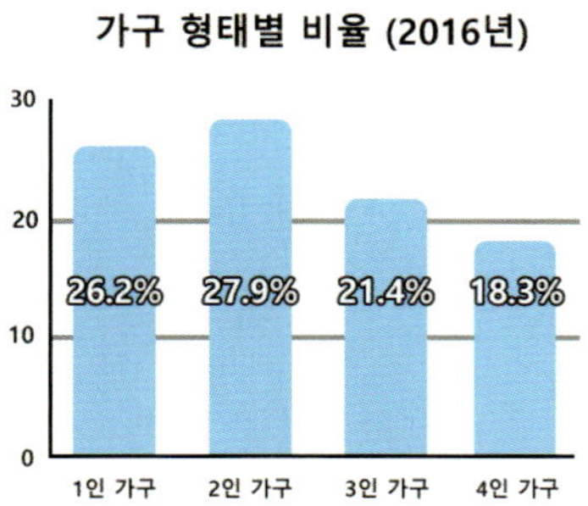

②
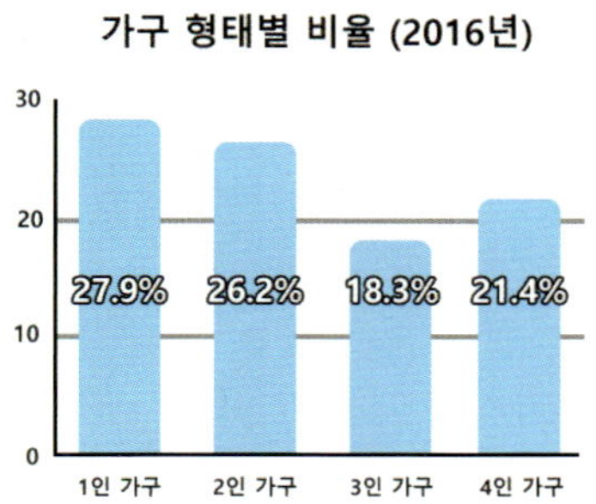

③
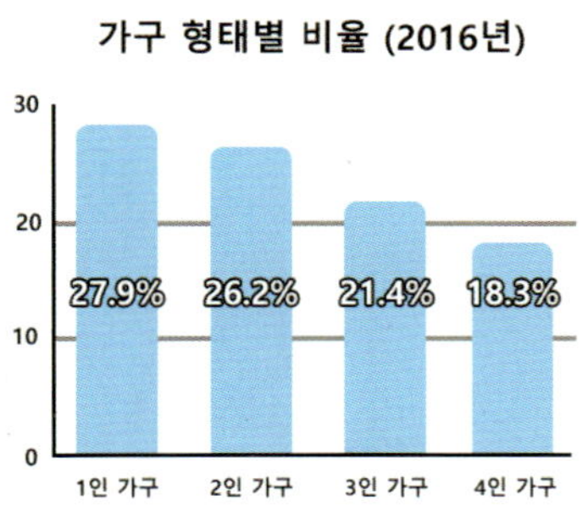

④
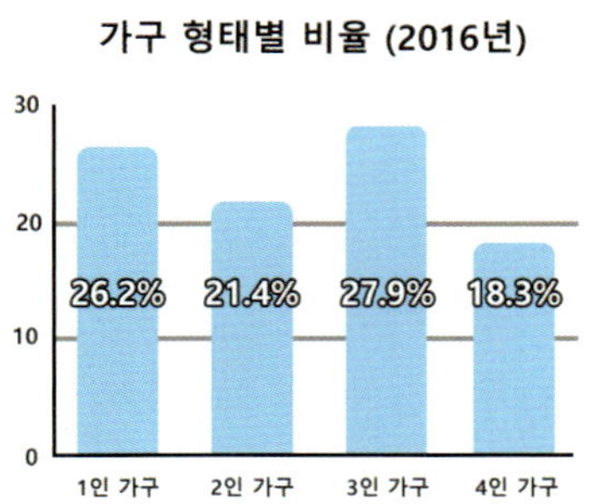

5 들은 내용과 같은 것을 고르십시오. (　　)

① 1인 가구는 무조건 싼 가격의 제품을 선호한다.
② 경기가 안 좋은데도 1인 가구만 소비가 늘고 있다.
③ 1인 가구의 증가로 대형 마트 이용이 증가할 것이다.
④ 2035년 한국의 5가구 중 1가구는 1인 가구일 것이다.

6 1인 가구 증가의 원인을 잘못 이해한 사람은 누구입니까? (　　)

① "여자들의 경제 활동이 예전보다 활발해져서 그래."
② "요즘 젊은이들은 결혼이 필수라고 생각하기 때문이야."
③ "오래 사는 노인들이 많아져서 혼자 살게 되는 경우가 늘었어."
④ "취직하기 어려우니까 결혼을 포기하는 젊은이가 많아서 그래."

Ⅲ. 정리해 봅시다

1인 가구의 증가로 변화가 예상되는 산업 분야는 어떤 것이 있습니까? 구체적으로 어떤 변화가 예상됩니까?

스마트 홈

반려동물

보험

보안

경제와 생활

2. 소비자 피해와 보상

MP3 / 29

• 학습 목표: 소비자 피해 보상에 대한 이야기를 듣고 이해할 수 있다.

준비해 봅시다

1 소비자 피해가 가장 많이 발생하는 상품과 쇼핑 방식은 무엇입니까? 여러분은 소비자로서 어떤 불만이 있습니까?

소비자 피해 상담		
1위	의류·섬유	1,944건(3.4%)
2위	헬스장·휘트니스 센터	1,824건(3.2%)
3위	이동 전화 서비스	1,723건(3.0%)
4위	투자 자문(컨설팅)	1,576건(2.8%)
5위	휴대폰/스마트폰	936건(1.6%)

(2020.10. 한국 소비자원 보도 자료)

SNS 쇼핑 소비자 피해 유형

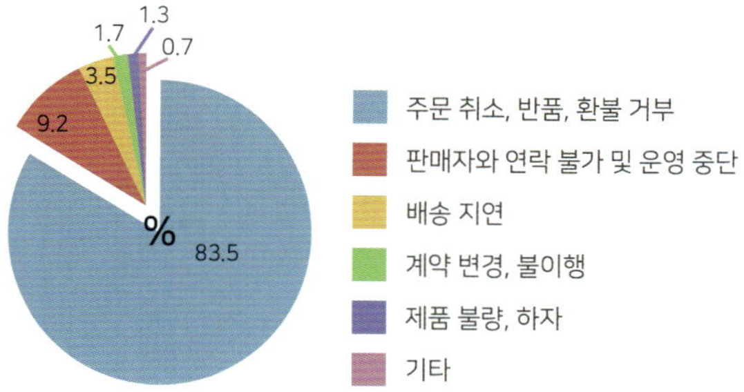

자료 : 서울시(2019.6~2020.5)

2 여러분 나라에서는 소비자 피해가 발생했을 때 어디에서 어떤 도움을 받을 수 있습니까? 여러분은 소비자로서 피해를 보지 않기 위해서 어떻게 하고 있습니까?

소비자 피해 주요 사례

[사례1] 미배송된 니트의 환불 미해결

김OO 씨는 올해 2월 OOO SNS 쇼핑몰에서 니트를 주문하고 3만 원을 계좌로 입금함. 이후 2개월 이상 배송이 지연되어 수차례 환불을 요구했으나, 판매자는 4월 20일까지 배송 예정이라는 답변만 한 뒤 채팅창을 폐쇄하고 연락이 두절됨.

[사례2] 환불 불가 사전 고지를 이유로 환불 거부

박OO 씨는 올해 1월 4일 SNS를 통해 연결된 판매자의 사이트에서 10,000원에 티셔츠 한 장을 구입함. 2월 10일 안내된 치수와 다른 상품이 배송되어 판매자에게 환불을 요구했으나 판매자는 사전에 "해외 구매 대행 상품이므로 환불이 불가함을 고지했다."라는 이유로 환불을 거부함.

수차례 두절 고지하다

Ⅱ. 들어 봅시다

[1] 듣고 질문에 답하십시오.

1 두 사람의 대화 내용을 정리하십시오.

	새댁	이웃 주민	
불편 사항	1) ________	비 오는 날 천장에서 물이 새는 것 등	
원인	벽이 얇아서 그런 것 같다.		
해결 노력		2) ____________ 에게 해결 요구	결과: 못 만남
해결책	3) ____________ 에 연락해서 상담 → 4) ____________ 에 피해 신고		

[2~3] 듣고 질문에 답하십시오.

2 각각의 경우에 해당하는 해결 기준을 연결하십시오.

1)	세탁물 손상 •	•	세탁업자가 변상해야 한다.
2)	세탁물 분실 •	•	세탁업자가 비용을 부담해서 원상회복을 시켜야 한다.

3 신발 세탁 피해의 원인과 해결 기준을 정리하십시오.

피해의 원인	해결 기준	
1) ________ 의 하자	품질 보증 기간 내에는 판매자가 배상	2) ________ → 교환 → 환불
세탁 하자	3) ________ 이/가 보상	4) ________ 의 10~95%
취급 사항 5) ________ 잘못		

새댁　시공　거주자　요건　분실되다　발뺌하다　원상회복　변상　의뢰하다
취급　인수하다　발급　내용 증명　응하다　유용하다

[4~6] 다시 듣고 질문에 답하십시오.

4 세탁 피해 제품의 보상 금액을 결정할 때 고려되지 <u>않는</u> 것은 무엇입니까? (　　)

① 제품의 종류　　② 제품의 소재
③ 제품의 세탁 기간　　④ 제품의 구매 가격

5 이 방송을 들은 소비자나 사업자가 취할 행동은 무엇입니까? (　　)

① 세탁업자는 세탁물을 돌려줄 때 소비자에게 인수증을 줄 것이다.
② 소비자는 피해가 발생하면 세탁업자에게 인수증을 요구할 것이다.
③ 세탁업자는 세탁을 마친 후 세탁물의 상태를 꼼꼼히 확인할 것이다.
④ 소비자는 피해를 인정받기 위해서 피해 세탁물을 그대로 보존할 것이다.

6 세탁업자가 피해 보상 요구에 응하지 않을 때 소비자가 할 수 있는 일을 순서대로 쓰십시오.

세탁업자에게 1) ____________ 보내기

↓

소비자 분쟁 조정 위원회에 2) ____________ 하기	다른 법적 절차 진행하기

여러분은 어떤 피해를 경험한 적이 있습니까? 문제를 해결하기 위해서 어떻게 했습니까?

▌소비자 피해 제보

전체 526건 - [1/27] 페이지

번호	제목	등록일	조회
526	제품의 사진과 전혀 다른 물건이 왔는데 판매사와 제조사가 서로 미루기만	2020-11-02	99
525	세탁 보낸 옷이 엉망이 되어 돌아왔습니다. 드라이클리닝해야 하는 옷인데 물세탁을...	2020-10-26	231
524	헛점 투성이 음식물 처리기, AS만 가능, 계약 해지 시에는 고액의 위약금이	2020-10-14	248
523	정품이 아닌 물건을 받았는데 개봉 후에는 환불 불가라고 합니다. ㅜㅜ	2020-09-11	587

복습

MP3 / 30

다음 글을 읽고 질문에 답하십시오.

세일 기간 중 백화점에 가면 물건마다 두 개의 가격이 표시되어 있습니다. 둘 중 높은 가격이 '정상 가격'이고 낮은 가격이 '세일 가격'이죠. 어떤 백화점에서는 세일 기간 중 물건을 사면 영수증에 다음과 같은 문구를 포함시키기도 합니다. "고객님은 오늘 15만 원을 절약하셨습니다." 정상 가격이 50만 원인데 세일 가격인 35만 원에 사면 15만 원을 절약한 거라는 해석이지요.

하지만 똑같은 물건을 어떤 때는 50만 원에 팔고 어떤 때는 35만 원에 판다면 이 물건의 정상 가격을 50만 원이라고 할 수 있을까요? 평균을 내서 40만 원 혹은 45만 원 정도를 정상 가격으로 보는 게 더 맞지 않을까요? 그렇게 되면 세일 가격에 물건을 사는 것을 '절약'으로 보기보다는 세일 가격이 아닌 가격에 물건을 사는 걸 '바가지 쓰기'로 봐야 하는지도 모릅니다.

포인트 카드에 대해서도 비슷한 말을 할 수 있습니다. 포인트 카드를 제시하는 사람에게 적용되는 가격을 '할인 가격'이라고 할 수 있지만 포인트 카드를 제시하지 않는 사람에게 적용되는 가격을 '바가지 가격'이라고 볼 수도 있습니다. 거의 모든 사람이 포인트 카드를 가지고 다니는 상황에서는 특히 그렇죠. 거의 모든 사람에게 적용되는 '할인 가격'이 실제로는 정상 가격이고 이 가격보다 높은 가격은 바가지 가격이라고 봐야겠죠.

거의 모든 사람이 포인트 카드를 가지고 다니는 상황에서는 소비자도 기업도 포인트 카드로 인해 얻는 게 거의 없습니다. 모든 사람이 포인트 카드를 가지고 다니면 포인트 카드가 단골을 만들어 내는 것도 아니고 또 가격 차별이 효과적인 것도 아닙니다. 소비자들도 결국 똑같은 가격을 지불하니까 얻는 게 없겠죠. 포인트 카드로 쓰이는 플라스틱 카드를 만드는 회사와 카드 읽는 기계를 만드는 회사 정도를 포인트 카드의 수혜자로 볼 수 있을 것입니다. 반면 수십 장의 포인트 카드를 하루 종일 지니고 다니면서 아무 혜택도 보지 못하는 대다수의 소비자들은 피해자라고 볼 수 있지 않을까요?

(출처: 김대환, 『하버드 박사의 경제학 블로그』(일부 재구성))

1. 이 글에서 '바가지 쓰기', '바가지 가격'은 어떤 경우를 말합니까?

2. 여러분 나라에도 '바가지를 썼다'와 비슷한 표현이 있습니까?

해석　혜택

최저 임금제

최저 임금제는 국가가 낮은 임금을 받는 노동자를 보호하고자 법으로 임금의 최저 수준을 정하여 노동자의 생활을 보장하는 제도이다. 최초의 최저 임금제는 1894년 뉴질랜드 정부에 의해서 시행되었고 현재 150여 개국에서 시행 중이다. 대한민국 정부는 1986년 12월 31일에 최저 임금법을 제정하여 1988년 1월 1일 최저 임금제를 시행하였다.

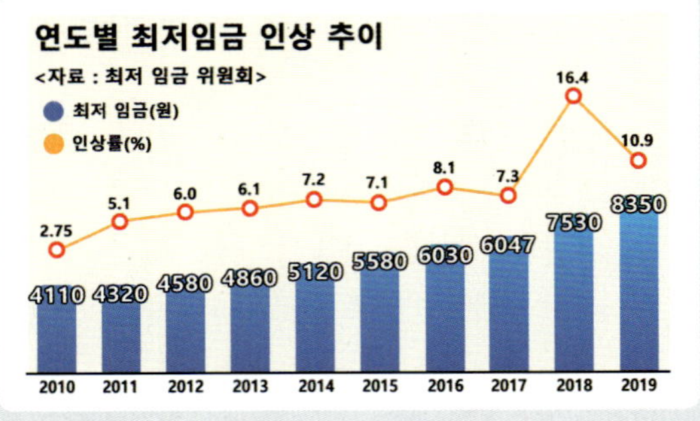

1988년 한국의 최저 임금은 시간당 462.5원이었고 그 후 30년간 연평균 9.65%의 인상률을 보이며 현재에 이르렀다. 최저 임금의 향상과 적용 사업장의 증가로 저소득 근로자의 생활이 안정되는 등 긍정적인 측면도 있지만 여전히 최저 임금과 고용 간의 관계에 대해서 논란이 많다. 최저 임금 인상으로 저임금 근로자의 소득 불균형을 해소할 수 있다고 주장하는 노동계와 최저 임금 인상이 도리어 일자리를 감소시킨다고 주장하는 경영계가 맞서고 있는 상황이다.

최저 임금제를 찬성하는 입장은 저임금 해소로 임금 격차가 줄고 근로자에게 일정 수준 이상의 생계를 보장해 줌으로써 근로자의 생활이 안정되어 노동 생산성이 향상된다고 주장한다. 또한 사업자 측면에서는 저임금 경쟁에서 벗어나 적정한 임금을 지불함으로써 공정한 경쟁과 경영 합리화가 이루어지는 장점이 있다고 본다.

최저 임금제를 반대하는 입장은 작은 규모의 자영업자나 중소기업의 부담이 늘어서 고용은 감소하게 되고 물가는 상승하며 이로 인해서 실질 소득은 오히려 줄어들고 계층 간 소득 격차는 더 커질 것이라고 본다. 수출 경쟁력 또한 약화되어 결국 경제 성장률 저하를 가져올 것이라고 주장하고 있다.

1. 최저 임금제에 대한 노동계와 경영계의 입장 차이는 무엇입니까?

2. 여러분은 최저 임금제에 대해서 어떤 입장입니까?

제정하다 도리어 격차 생계 공정하다 자영업자

13과 유행과 한류

1. 옷차림과 유행

MP3 / 31

• 학습 목표: 유행과 옷차림에 대한 이야기를 듣고 이해할 수 있다.

준비해 봅시다

1 여러분은 다른 사람들의 옷차림에 관심이 있습니까? 어떤 옷차림이 꼴불견이라고 생각합니까?

2 여러분은 자신만의 개성 있는 옷차림을 선호합니까? 아니면 유행하는 옷차림을 선호합니까?

디자이너는 바람이고 물이어야 한다. 물은 어느 잔에 담아도 구애받지 않고 자신의 모양을 변화시킬 수 있다.
- 이상봉(패션 디자이너)

유행은 사라지지만 스타일은 영원하다.
- 이브 생 로랑(패션 디자이너)

당신이 입는 옷은 세상을 향해 당신을 드러내는 방법이다. 패션은 그 자체로 언어다.
- 미우치아 프라다(패션 디자이너)

당신 자신이 돼라. 트렌드에 빠지지 마라. 패션이 당신을 소유하도록 두지 말고 당신이 누구인지, 당신의 옷 입는 방식과 살아가는 방식으로 무엇을 표현하고 싶은지 스스로 결정하라.
- 잔니 베르사체(패션 디자이너)

꼴불견

Ⅱ. 들어 봅시다

[1] 다음을 듣고 질문에 답하십시오.

1 들은 내용과 같은 것을 고르십시오. (　　)

① 여자는 옷을 차려입는 것을 귀찮게 생각한다.
② 여자는 옷을 유행에 맞춰 입는 것을 돈 낭비라고 생각한다.
③ 남자는 옷을 화려하고 세련되게 입어야 한다고 생각한다.
④ 남자는 앞으로 시간, 장소, 상황에 맞게 옷을 차려입을 것이다.

[2~3] 다음을 듣고 질문에 답하십시오.

2 무엇에 대한 이야기입니까? (　　)

① 유행의 전염성과 파급력
② 최신 유행과 디지털 환경
③ 유행과 나만의 패션 스타일
④ 20대 젊은이들의 패션 스타일

민망하다　패션 테러리스트(fashion terrorist)　맞추어 입다　차려입다

3 유행에 대한 설명으로 맞는 것을 고르십시오. (　　)

① 현대인들은 패션의 유행에만 관심을 가진다.
② 과거에는 패션의 유행을 전염병에 비유하기도 했다.
③ 유행의 대상은 복식과 여러 가지 장식 등에 한정되어 있다.
④ 패션의 유행은 복식 스타일을 소수의 사람들이 공유하는 것이다.

[4-6] 다시 듣고 질문에 답하십시오.

4 들은 내용으로 맞는 것을 고르십시오. (　　)

① 패션에 대해서 공부하는 현대인들이 많아지고 있다.
② 패션에 신경을 쓰지 않는 것은 패션 스타일이 아니다.
③ 20대 젊은 사람들은 시각적인 것에 별로 민감하지 않다.
④ 과거와 달리 현대에는 유행의 파급력이 별로 심하지 않다.

5 나만의 개성 있는 패션 스타일을 찾기 위해서 어떤 고민을 해야 합니까?

____

6 들은 내용을 정리해 봅시다.

중심 내용	요약
유행의 의미와 유행의 대상	유행은 한 사회 내에서 일정한 기간 동안 유사한 문화 양식과 행동 양식이 일정 수의 사람들에게 채택되어 공유되는 사회 현상이다. 유행의 대상은 1) ________ 을/를 비롯해서 문화 상품이나 디자인, 생활 방식, 2) ________, 과학 기술 등 다양하다.
복식의 의미와 패션의 유행	옷, 3) ________, 4) ________, 허리에 두르는 띠와 같은 여러 가지 5) ________ 을/를 포함한 복식의 유행을 패션이라고 부른다.

문화 양식　행동 양식　채택　전염성　노출　주도하다　무분별하다

패션과 유행에 민감하게 반응하는 현대인	6) ________ 을/를 따라잡기 위해서 많은 시간과 7) ________ 을/를 소비하고 있다.
유행에 민감한 20대	디지털 환경에 익숙해져서 8) ________ 에 더욱 민감하게 반응한다.
나만의 패션 스타일과 개성	유행이나 패션에 관심을 가지고 즐기는 것도 좋지만 자신만의 스타일을 지켜야 한다.
옷으로 나만의 이야기를 하는 방법	옷을 입을 때 누구를 만날지, 어떤 옷을 입고 어떤 이야기를 할지, 그 옷을 입고 어떤 일을 할지 자신에게 물어봐야 한다.

Ⅲ. 정리해 봅시다

여러분은 자신의 개성을 표현하기 위해서 어떤 패션 스타일을 선택합니까? 여러분이 알고 있는 옷 잘 입는 비법이 있습니까?

13과 유행과 한류

2. 세계 속의 한류

MP3 / 32

• 학습 목표: 한류와 케이팝(K-pop)에 대한 글을 읽고 이해할 수 있다.

. 준비해 봅시다

1 여러분은 '한류'라는 단어를 들어 보셨습니까? 처음 접한 한국 드라마나 대중음악은 무엇입니까?

2 여러분은 한류 문화에 관심이 있습니까? 한류 문화가 한국의 국가 이미지에 어떤 영향을 줄까요?

나는 우리나라가 세계에서 가장 아름다운 나라가 되기를 원한다.
가장 부강한 나라가 되기를 원하는 것은 아니다.
내가 남의 침략에 가슴이 아팠으니
내 나라가 남을 침략하는 것은 원치 아니한다.
우리의 부력은 생활을 풍족히 할 만하고,
우리의 강력은 남의 침략을 막을 만하면 족하다.
오직 한없이 가지고 싶은 것은 높은 문화의 힘이다.

- 김구(정치인)

부강하다 한없이

Ⅱ. 읽어 봅시다

다음 글을 읽고 질문에 답하십시오.

한류와 케이팝(K-pop)의 역사

언제부터인가 우리는 '한류'라는 단어를 자주 접하게 된다. '한류'란 세계에 부는 대한민국의 바람인데 1999년 중국의 언론에서 '한국의 유행이 밀려온다.'는 뜻으로 처음 언급한 것이 계기가 됐다. 한류 현상은 영화, 텔레비전 드라마, 대중음악, 게임 등과 같은 대중문화에서 시작되어서 이제는 음식, 전통문화, 의료, 한국어 등 다양한 분야로 확대되고 있다.

한류 열풍을 가장 먼저 주도한 것은 바로 텔레비전 드라마였는데 1990년대 말부터 한국 드라마의 해외 수출이 본격화됐기 때문이다. 2000년대 초반 '겨울연가'와 '대장금'은 한류 확산의 일등 공신이었다. '겨울연가'의 남자 주인공은 한류 스타로 떠올랐으며 드라마 촬영지는 관광 코스로 만들어져서 외국 관광객의 필수 관광 코스로 인기를 끌기도 했다. '대장금'의 경우 중국과 일본에서 시작된 한류 열풍을 타고 아시아를 비롯해서 중동, 아프리카에 이르기까지 무려 100여 개국에서 방영되면서 국경을 초월하여 전 세계적으로 사랑받는 드라마가 되었다. 특히 이란에서는 90%라는 놀라운 시청률을 기록하기까지 했다. 이 드라마의 인기 덕분에 한국의 음식 문화에 대한 관심뿐만 아니라 한국 제품에 대한 관심과 구매율도 급증했다.

2000년대 초반에 텔레비전을 통해서 한국의 드라마가 전 세계로 확산됐다면 최근에는 유튜브와 같은 동영상 전문 사이트와 각종 에스엔에스(SNS)가 활성화되면서 한국의 대중음악이 빠르게 확산될 수 있는 환경이 마련됐다. 드라마와 함께 한류 열풍을 이끌어 온 한국의 대중음악은 2000년대 중반 이후부터 인기가 더욱 높아지면서 케이팝(K-pop)이라는 용어가 사용되기 시작했다.

그동안 세계의 많은 국가들은 미국 중심의 대중음악을 소비해 왔다. 미국 대중음악의 파급력과 영향력은 대중 매체의 발달로 유례가 없을 정도로 거대해졌고 미국뿐만 아니라 다른 국가에서도 엄청난 인기를 얻게 됐다. 미국 대중음악의 독식으로 다른 여러 나라의 대중음악은 자국에서조차 인정을 받지 못하고 자생력 없이 소멸되는 경우가 많았다. 사실 한국처럼 자국의 음악을 적극적으로 소비하는 나라는 극히 드물다. 케이팝이 세계 시장의 문을 두드리기 전에는 이렇게 세계적인 위치에까지 오르리라고 아무도 예측하지 못했다. 이처럼 한국의 대중음악은 수많은 도전과 실패, 좌절을 반복하면서 발전했고 성공의 토대를 마련했다.

그동안 많은 한국 가수들이 케이팝을 알리기 위해서 일본을 비롯해 중국, 동남아시아 지역에서 활동을 해 왔지만 케이팝이 영국이나 미국에선 별다른 주목을 받지 못했던 것이 사실이다. 하지만 2012년 싸이의 '강남 스타일'이 케이팝의 역사를 새로 쓰게 된다. 한류의 강세 지역이 아닌 미국, 유럽, 남미, 중동 지역에 새로운 바람을 일으킨 것이다. 그동안 영미 음악계에서 케이팝은 아시아인만이 즐기는 문화, 10대 소녀들이 즐기는 제한적인 문화로 평

일등 공신 초월하다 유례 독식 자생력 좌절 토대

가 절하되어 왔다. 그래서 팝의 본고장인 영미권에서 케이팝이 성공한 것은 의미가 매우 크다.

싸이 이후에도 방탄소년단, 엑소, 갓세븐, 블랙핑크 같은 여러 가수들의 다양한 활동 덕분에 케이팝의 인기는 계속되고 있다. 대중문화 평론가들은 따라 하기 쉬운 멜로디와 역동적이고 일사불란한 군무, 완성도 높은 뮤직비디오, 세계적인 경향을 반영한 음악, 강력한 팬덤(fandom) 문화 등을 케이팝의 성공 요인으로 꼽고 있다.

특히 방탄소년단의 인기는 눈여겨볼 만하다. 방탄소년단은 대형 기획사의 막대한 경제적 지원 없이 팬들과의 소통과 진정성으로 인기를 얻었다. 이들은 자신들의 진솔한 이야기를 담은 노래를 통해서 좌절하고 고민하는 젊은이들에게 희망의 메시지를 전했으며 인터넷 개인 방송과 에스엔에스(SNS)를 통해서 전 세계의 팬들과 공감하고 소통했다. 그 결과 한국 가수로는 최초로 미국 음악 잡지 빌보드 차트 1위를 기록했다.

앞으로의 흐름은 그 누구도 예측할 수 없다. 따라서 지금 이 시점에서 한류가 어디에서부터 시작되었는가를 다시 한번 생각해 봐야 할 것이다. 그와 동시에 한류가 어떻게 흘러가야 할 것인지에 대해서도 고민하고 성찰해 봐야 할 것이다. 잠시 잠깐의 유행이라고 평가하기에는 그동안 한류와 케이팝이 이루어 놓은 업적과 성과가 눈부시기 때문이다. 또한 한류와 케이팝의 발전을 지속시키기 위해서는 정부 차원의 지원과 다양한 콘텐츠 개발이 필요하다.

1 한국 드라마에 대한 설명으로 맞지 않는 것을 고르십시오. (   )

① 드라마의 인기로 한국 제품의 구매율도 증가했다.
② 드라마가 인기를 끌면서 관광 상품까지 만들어졌다.
③ 한국 드라마는 주로 아시아 지역에서 인기를 끌었다.
④ 1990년대 말부터 드라마를 해외에 수출하기 시작했다.

2 다음 문장을 완성하십시오.

한국의 드라마가 1) ________________ 을/를 통해서 전 세계로 확산됐다면 최근에는 유튜브와 같은 2) ________________ 와/과 각종 3) ________________ 이/가 활성화되면서 한국의 대중음악이 빠르게 확산되고 있다.

평가 절하　본고장　일사불란　군무　눈여겨보다　막대하다　눈부시다

3 읽은 내용과 같으면 ○, 다르면 X 하십시오.

1) 세계 여러 나라에서 미국 대중음악의 인기가 높다. ( )
2) 미국 대중음악은 대중 매체의 발전으로 더 강력해졌다. ( )
3) 미국과 영국 음악계는 처음부터 케이팝의 성공을 예측했다. ( )

4 한류와 케이팝의 발전을 지속하기 위해서 필요한 것은 무엇입니까?

Ⅲ. 정리해 봅시다

여러분이 좋아하는 한국 드라마나 한국 노래는 무엇입니까? 드라마나 노래를 좋아해서 한국 제품을 구매해 본 적이 있습니까?

연세일보

한류 콘텐츠를 많이 소비하는 사람일수록
한국에 대해 높은 호감도 보여...

한국 드라마와 한국 대중음악의 인기로 시작된 한류가 인터넷과 스마트폰, 에스엔에스(SNS) 등의 활성화로 이제는 음식, 화장품, 게임 산업 등 다양한 분야로 확산되고 있다. …

14과 대중문화와 영상 매체

1. 한국 영화의 현주소

MP3 / 33

• 학습 목표: 한국 영화의 성장과 문제점에 대한 글을 읽고 이해할 수 있다.

준비해 봅시다

1 여러분은 국내 영화를 많이 봅니까, 외국 영화를 많이 봅니까? 여러분 나라의 국내 영화는 외국 영화와 무엇이 다릅니까?

한국 영화 점유율

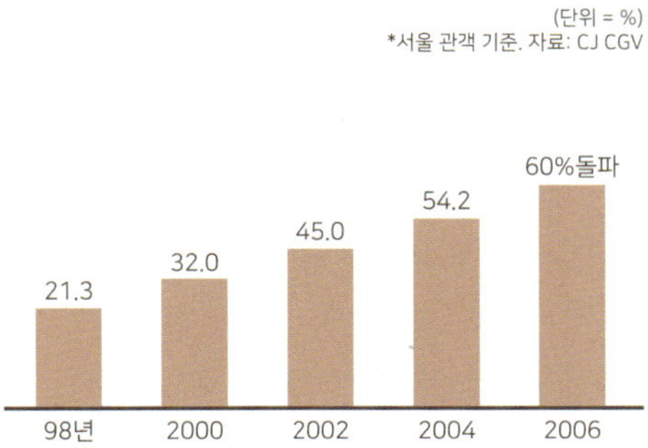

주요국별 자국 영화 점유율

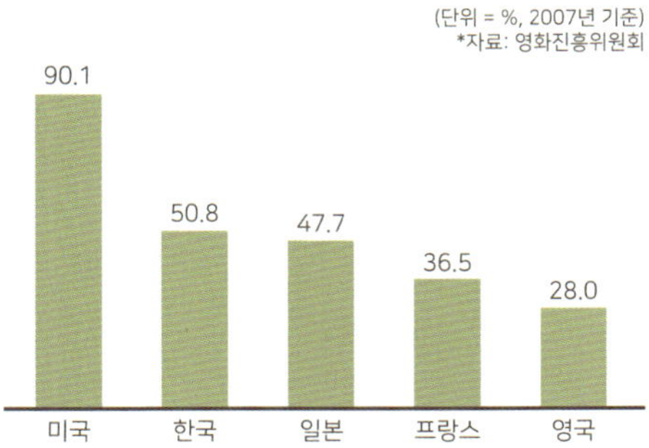

2 여러분은 어떤 영화를 좋아합니까? 요즘 세계적으로 주목을 받는 영화 감독은 누구입니까?

> 세계 속에서 살아남으려면 한국인이 아니면 만들 수 없는 영화를 만들어야 한다.
> - 임권택(영화감독)
>
> 영화가 줄 수 있는 놀람과 재미는 첫 장면에서 거의 결정된다.
> 어떻게 시작할 것인가에 대한 비전을 가지고 있지 않은 영화를 보아 줄 인내심 있는 관객은 그리 많지 않다.
> - 알프레드 히치콕(영화감독)
>
> 인간은 모두 공통적인 고민을 안고 살아간다.
> 그것을 제대로 묘사하는 영화만이 이해될 수 있다.
> - 구로사와 아키라(영화감독)

점유율

다음 글을 읽고 질문에 답하십시오.

한국 영화의 성장과 그에 따른 문제점

한국 영화 '기생충'이 미국 아카데미 시상식의 최우수 작품상과 칸 국제 영화제의 황금종려상을 받았다. 별일 아닌 것 같지만 1955년 미국 영화 '마티(Marty)'가 미국 아카데미 작품상과 칸 영화제 황금종려상을 동시에 수상한 이후 65년 만에 이루어 낸 성과로 세계 영화 역사상 두 번째이다. 게다가 영화 '기생충'이 처음 공개된 2019년은 한국 최초의 영화라고 알려진 '의리적 구토(1919)'가 나온 지 100년이 되는 해였기 때문에 더 의미가 있었다.

한국 영화는 1990년대 중반부터 2000년대 중반에 이르는 동안 급속히 성장하며 세계 5~7위권을 오가는 영화 대국이라는 타이틀을 얻게 되었다. 한국 영화의 국내 시장 점유율도 20%대에서 50%대로 확장되면서 대규모 자본이 투자된 미국 영화의 점유율과 어깨를 나란히 할 정도가 되자 세계 영화계는 한국의 영화 시장을 주목하기 시작했다.

한국 영화가 이렇게 급성장할 수 있었던 것은 바로 1998년 복합 상영관인 멀티플렉스(multiplex)의 등장 덕분이었다. 그 이전까지는 단관 극장이 일반적이었기 때문에 관객들은 원하는 영화를 보기 위해서 그 영화를 상영하는 극장까지 찾아가야 하는 번거로움과 자신이 원하는 시간대에 영화를 볼 수 없는 불편함이 있었다. 하지만 한 영화관에서 여러 영화를 상영하는 복합 상영관이 대중화되면서 영화 관람객이 급증했고, 한국 영화 시장은 이전과 비교할 수 없을 정도로 규모가 커졌으며, 영화의 질도 크게 향상됐다. 그 덕분에 한국 영화계에서는 불가능할 것만 같았던 천만 관객 영화가 가능해졌다.

영화계에서 흔히 말하는 천만 관객 영화 또는 천만 영화는 누적 관람객이 천만 명을 넘은 영화를 가리킨다. 영화 '실미도'가 처음으로 천만 관객을 넘은 후 천만 명이라는 관람객 수는 한국 영화의 상업적 성공을 판단하는 기준이 되었다. 보통 외국에서 영화의 흥행을 판단하는 기준은 매출액이지만 한국은 극장의 관람객이 많아야 수익을 낼 수 있는 환경이어서 매출액보다는 관람객을 기준으로 평가하는 흥행 기록이 기준이 된다.

하지만 한국 영화가 이룬 눈부신 성장 뒤에는 어두운 면도 존재한다. 한국 영화의 문제점 중 하나는 바로 복합 상영관이다. 그동안 한국 영화 발전에 디딤돌이 되었던 복합 상영관은 아이러니하게도 한국 영화 발전에 걸림돌이 되고 있다. 복합 상영관이 확산되면서 독립 영화나 순수 예술 영화만을 상영하는 전용 극장과 지역의 소극장이나 단관 극장들은 설 자리를 잃게 되었다. 국내 3대 복합 상영관은 대부분 대기업이 자본을 투자해서 만들었는데 복합 상영관을 보유한 대기업들이 상영뿐만 아니라 제작과 배급에까지 손을 대면서 중소형 영화 제작사나 배급사들이 제대로 성장하지 못하는 문제가 생겼다. 대기업들은 관람객이 적은 독립 영화나 저예산 영화를 상영하기보다는 자사가 제작한 영화와 상업 영화만을 상영함으로써 스크린을 독점해 버리는 현상이 나타났다. 관람객 입장에서도 다양한 영화를 즐길 선택권을 잃어버리게 된 것이다.

기생충　어깨를 나란히 하다　복합 상영관　단관 극장　누적　흥행　매출액　수익

또 다른 문제점은 관람객의 양극화 현상이다. 조사 결과에 따르면 2013년부터 2017년까지 한국 영화 시장에서 1년에 14회 이상 영화를 보는 관람객의 비중은 2013년 13.0%에서 2017년 20.9%로 늘어난 반면에, 1년에 5번 이하로 영화관을 찾는 관람객 수는 39.4%에서 35.7%로 감소했다. 다시 말해서 영화는 보는 사람만 본다는 것이다.

마지막으로 영화인의 근로 환경도 문제가 되고 있다. 불과 10년 전만 하더라도 경력이 부족한 영화인은 밤새워 일을 하고도 최저 임금은커녕 식대와 차비만 받고 일하는 경우가 많았다. 최근에는 이를 개선해야 한다는 목소리가 높아지면서 여러 가지 정책이 마련되고 있지만 아직 갈 길이 멀다. 영화 전문가들은 그동안 등장했던 대책이 법적 제도의 개선보다는 단기적인 미봉책에 집중되었다고 지적했다. 또한 장기적인 관점에서 근본적인 해결 방법을 고민하지 않고서는 한국 영화의 발전을 기대할 수 없다고 입을 모았다.

1 이 글의 주제는 무엇입니까? (　　)

① 한국 독립 영화의 역사
② 한국 영화의 우수성과 특징
③ 한국 영화의 성장과 문제점
④ 한국 복합 상영관의 문제점

2 한국 영화의 문제점이 아닌 것을 고르십시오. (　　)

① 영화를 좋아하는 사람들만 극장을 찾는다.
② 복합 상영관의 대중화로 영화의 질이 떨어졌다.
③ 영화인들이 어려운 근로 환경에서 일하고 있다.
④ 복합 상영관 때문에 스크린 독점 문제가 생겼다.

3 내용과 같으면 O, 다르면 X 하십시오.

1) 영화 '기생충'이 공개된 해는 한국 최초의 영화가 나온 지 100년이 되는 해였다. (　　)
2) 한국 영화가 발전하는 데에 복합 상영관이 큰 영향을 주었다. (　　)
3) 보통 외국에서는 영화 매출액보다는 관람객 수로 흥행을 판단한다. (　　)

디딤돌　걸림돌　배급　비중　갈 길이 멀다　미봉책

4 한국 영화를 더 나은 방향으로 발전시키기 위해서 어떤 노력을 해야 합니까?

III. 정리해 봅시다

여러분이 재미있게 본 한국 영화는 무엇입니까? 여러분 나라와 구별되는 한국 영화의 특징은 무엇입니까?

14과 대중문화와 영상 매체

2. 대중 매체의 변화

MP3 / 34

• 학습 목표: 1인 인터넷 방송의 열풍에 대한 이야기를 듣고 이해할 수 있다.

준비해 봅시다

1 여러분은 대중 매체 중에서 어떤 매체를 자주 접합니까? 요즘 사람들의 관심을 끄는 대중 매체는 무엇입니까?

2 스마트폰을 비롯한 영상 매체가 발달하는 이유가 무엇이라고 생각합니까? 영상 매체가 사람들에게 끼치는 부정적인 영향은 무엇입니까?

연세일보

책 멀리할수록 생기는 난독증

스마트폰이나 텔레비전은 머리를 쓰지 않아도 저절로 바로 보여 주기 때문에 요즘 아이들은 글을 읽고 이해하는 기본적인 독서 능력이 부족하다. 아이들의 머리가 나빠서가 아니라 어릴 때부터 자극적인 영상 매체에 너무 노출되어 생각이나 이해의 기능을 발전시킬 기회가 애초부터 차단된 상태로 자랐기 때문이다. 스마트폰과 같은 영상 매체에 자주 노출되면서 독서를 멀리하는 아이들의 뇌 구조는 난독증을 가진 아이들과 비슷하다는 사실도 밝혀졌다.

난독증　자극적　차단

Ⅱ. 들어 봅시다

[1] 다음을 듣고 질문에 답하십시오.

1 들은 내용과 같은 것을 고르십시오. (　　　)

① 남자는 인터넷 방송을 본 후에 노트북을 구매했다.
② 남자는 인터넷 방송 '써 보고 말한다'에 실망을 했다.
③ 여자는 인터넷 방송 '써 보고 말한다'를 늘 챙겨 본다.
④ 1인 방송인은 인터넷 방송에서 자신이 직접 산 물건을 소개했다.

[2-3] 다음을 듣고 질문에 답하십시오.

2 대중 매체의 특징이 아닌 것은 무엇입니까? (　　　)

① 일방성　　② 획일성　　③ 상업성　　④ 개인성

3 1인 방송이 선풍적으로 인기를 끌고 있는 이유는 무엇입니까?

____

업체　협찬　수신자　발신자　매개체　불특정 다수

[4~6] 다시 듣고 질문에 답하십시오.

4 1인 인터넷 방송에 대한 설명으로 맞는 것을 고르십시오. (　　)

① 획일성과 일방향성의 특징이 강하다.
② 방송인은 구독자들과 의견을 서로 공유한다.
③ 구독자들 사이에 특별한 연대감이 형성되지 않는다.
④ 텔레비전이나 라디오와 같은 매체의 영향을 많이 받았다.

5 과거와 현대의 대중 매체를 정리해 봅시다.

시대	사회	매체 종류	특징
과거	산업 사회	텔레비전, 라디오, 1) ________, 2) ________	일방향성
현재	3) ________	인터넷 통신 연결	4) ________

6 들은 내용과 같으면 O, 다르면 X 하십시오.

1) 디지털 기기의 사용이 확산되면서 1인 방송이 가능해졌다. (　　)
2) 1인 방송의 콘텐츠가 최근 영화, 노래, 댄스 등으로 확장되고 있다. (　　)
3) 1인 미디어 시장이 급성장하면서 음란물을 비롯한 유해 영상물, 가짜 뉴스 문제 등과 같은 부작용이 생겼다. (　　)

획일성　유대감　생활 밀착형　속칭　음란물　조성　온전하다

Ⅲ. 정리해 봅시다

여러분이 즐겨 보는 1인 인터넷 방송은 무엇입니까? 어떤 주제의 인터넷 방송을 즐겨 봅니까?

요리

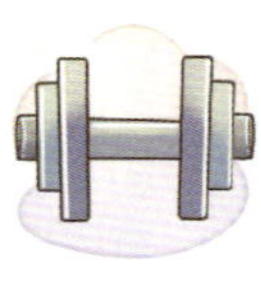
스포츠

마술

패션

뷰티

DIY

음악

영화

토크

댄스

라이프

다이어트

복습

다음 글을 읽고 질문에 답하십시오.

외국인 10명 중 8명, "한국의 국가 이미지 긍정적, 한국의 대표 이미지는 케이팝"

Q. 긍정적 이미지에 영향을 미치는 요인은?

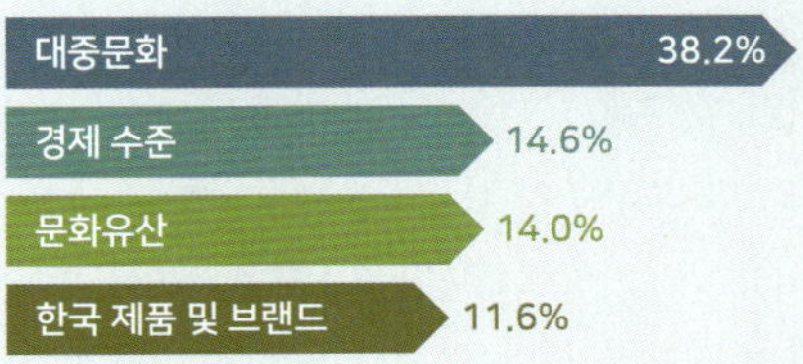

전 세계 외국인 10명 중 8명이 한국의 국가 이미지를 긍정적으로 평가하는 것으로 나타났다. 문화체육관광부는 한국을 포함한 16개국 8,000명을 대상으로 온라인에서 설문 조사한 '대한민국 국가 이미지 조사 결과'를 발표했다. 조사 결과에 따르면 외국인(76.7%)과 한국인(64.8%) 모두 한국의 전반적인 이미지를 긍정적이라고 평가한 비중이 더 높았다.

긍정적 이미지에 영향을 미치는 요인으로는 한국 대중음악(케이팝), 영화, 문학 등 대중문화(38.2%)가 가장 높았고 경제 수준(14.6%), 문화유산(14.0%), 한국 제품 및 브랜드(11.6%)가 그 뒤를 이었다. 한류 문화가 긍정적인 국가 이미지를 형성하는 데에 크게 기여한 것으로 보인다. 외국인이 한국에 대해서 가장 많이 접할 수 있는 분야는 한국 케이팝, 영화, 드라마 등 대중문화(37.8%)이고 경제(16.8%), 안보(13.9%), 문화유산(10.5%)이 그 뒤를 이었다. 지역별로 아시아와 미주는 '대중문화', 유럽과 호주는 '안보', 러시아는 '경제'에 대한 정보를 가장 많이 접하고 있었다. 일본의 경우에는 대중문화(45%) 다음으로 정치 외교(15.4%)에 대한 정보를 많이 접하는 것으로 나타났다. 한국에 대한 정보를 습득하는 매체로는 텔레비전, 라디오 등 방송(66.6%)과 인터넷, 에스엔에스(SNS) 등 온라인(63.9%)이 가장 많은 것으로 조사되었다. 외국인은 한국의 대표 이미지로 한국 대중음악(케이팝) 가수(12.5%)를 가장 많이 떠올렸다. 그다음으로 한식(8.5%), 문화와 문화유산(6.5%) 순으로 나타나 한류가 대한민국을 대표하는 핵심어인 것으로 조사됐다.

(출처: 문화체육관광부, 「2019년도 대한민국 국가 이미지 조사」(일부 재구성))

1. 한국의 긍정적 이미지에 가장 큰 영향을 미치는 것은 무엇입니까? (　　　)

① 대중문화　　② 경제 수준　　③ 문화유산　　④ 제품 및 브랜드

2. 여러분이 한국 정보를 습득하기 위해서 가장 많이 이용하는 매체는 무엇입니까?

문화 세계 최고의 패션 거리, 동묘 시장

동묘 시장이 핫 플레이스(hot place)가 됐다. 얼마 전 한국을 방문한 영국 출신의 세계적인 패션 디자이너가 "한국의 동묘 거리가 세계 최고의 패션 거리"라는 게시물을 에스앤에스(SNS)에 남겼다. 유명 디자이너의 극찬과 저렴한 구제 상품을 구할 수 있다는 내용이 인터넷과 방송을 통해서 소개되면서 동묘 시장은 남녀노소가 즐겨 찾는 명소가 됐다.

동묘 시장은 동묘 공원 근처에 형성된 시장인데 사실 '동묘'는 임진왜란 당시 명나라에 의해 만들어진 사당으로 나라를 지키는 무(武)의 상징, 관우를 모시는 공간인데 동쪽에 설치되었다고 해서 동묘라고 불렀다. 2005년 청계천 복원 사업과 함께 동묘 공원 앞 일대에 많은 상인들이 들어와서 장사를 하기 시작하면서부터 '동묘 시장'이 형성됐다.

예전에는 주로 어르신들이 중고품을 내다 팔았기 때문에 동묘 시장은 '어르신들의 홍대'라는 별칭이 있었다. 유행은 돌고 돈다고 복고 감성이 넘치는 구제 옷들이 유행하면서 젊은 층도 동묘 시장을 많이 찾고 있다. 구제 옷을 비롯해서 복고 느낌의 다양한 물건을 구경하고 저렴한 가격에 구매할 수 있기 때문이다.

1. 동묘 시장이 남녀노소가 즐겨 찾는 명소가 된 이유는 무엇입니까?

2. 여러분은 한국에서 동묘 시장 같은 구제 시장에 가 본 적이 있습니까?

극찬 구제 사당 복원 중고품 별칭 복고

15과 개인과 공동체

1. 봉사하는 삶

MP3 / 36

• 학습 목표: 봉사와 기부에 대한 글을 읽고 이해할 수 있다.

준비해 봅시다

1 봉사 활동에 참여한 경험이 있습니까? 다른 사람을 위해서 우리가 할 수 있는 일에는 무엇이 있을까요?

영역	활동 내용
이웃 돕기 활동	• 친구 돕기 활동: 학습이 느린 친구 돕기 및 장애 친구 돕기 등 • 지역 사회 활동: 불우 이웃 돕기, 난민 구호 활동, 복지 시설 위문 및 재능 기부 등
환경 보호 활동	• 환경 정화 활동: 깨끗한 환경 만들기, 공공시설물 보호, 문화재 보호 및 지역 사회 가꾸기 등 • 자연 보호 활동: 식목 활동, 자원 재활용 및 저탄소 생활 습관화 등
캠페인 활동	• 공공질서, 환경 보전, 헌혈 및 각종 편견 극복 캠페인 활동 등 • 학교 폭력 예방, 안전사고 예방 및 성폭력 예방 캠페인 활동 등

기부 참여율(2011~2017년)
우리나라 기부 참여율이 꾸준히 하락하고 있다

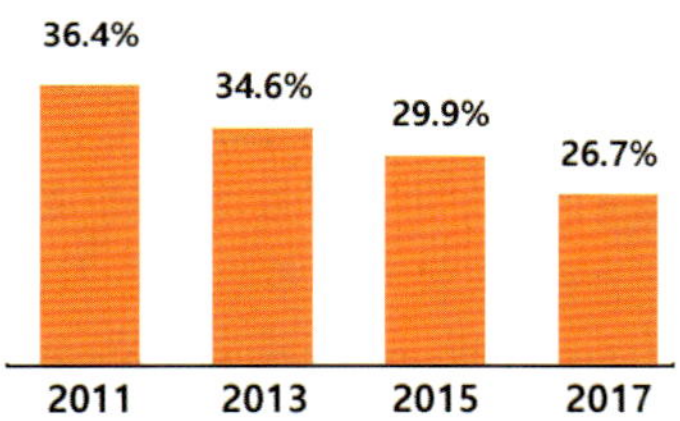

국민 봉사 참여율(단위 %)
자료=볼런티어지
2005 한국인의 자원봉사/기부 현황 연구

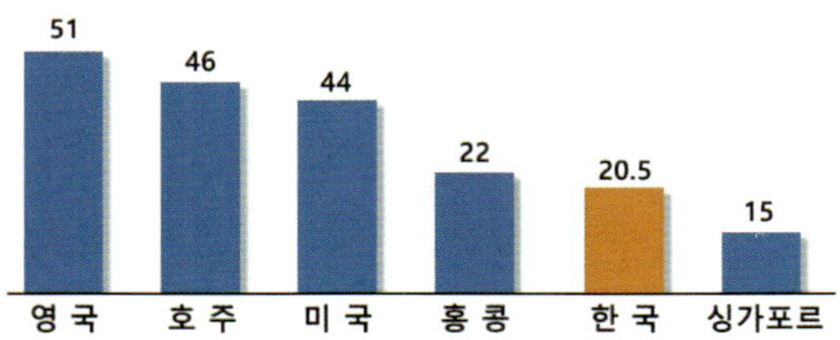

2 사람들은 왜 봉사나 기부 활동을 합니까? 그렇게 함으로써 얻는 것은 무엇일까요?

사랑은 행동으로 이어져야 하고, 그 행동이 바로 봉사이다.
- 마더 테레사(수녀)

나는 당신이 어떤 운명으로 살지 모른다. 하지만 이것만은 장담할 수 있다.
정말로 행복한 사람들은 어떻게 봉사할지 찾고 발견한 사람들이다.
- 알버트 슈바이처(의사)

오늘 내가 나무 그늘에 앉아 쉴 수 있는 것은 다른 누군가가 오래전에 나무를 심었기 때문입니다.
- 워런 버핏(기업인)

그늘

다음 글을 읽고 질문에 답하십시오.

세상에서 가장 따뜻한 걸음

안녕하세요? 기부 모임 '1m1원'의 회장을 맡고 있는 박민정입니다. 어려운 이웃을 위해서 뜻깊은 후원을 하게 된 것도 기쁜데 저희 모임을 소개할 수 있는 기회까지 주셔서 고맙습니다.

'1m1원'은 대학 동창들로 구성된 작은 모임인데 걷기를 통해서 기부를 합니다. 이름처럼 1m의 길을 걸을 때마다 1원씩 적립하기가 이 모임의 기본 원칙입니다.

저희 모임은 다른 모임처럼 한 달에 한 번 혹은 일주일에 한 번 모이는 정기 모임을 갖지 않습니다. 대신 각자가 걸은 거리를 에스엔에스(SNS) 모임방에 있는 개인 기록장에 올리고 걸었던 길 중에서 인상 깊은 곳이나 추천할 만한 코스가 있으면 사진이나 영상도 함께 올리기로 약속했습니다. 그러다가 걷기와 기부를 연결하기 시작한 것은 2019년 2월부터입니다. 우리 모임은 아직 몇 년 안 된 햇병아리 모임이지만 걷기를 누구보다도 열심히 하고 이웃에게 사랑을 나누겠다는 열정은 뜨거운 모임입니다.

회원들은 각자 핸드폰에 탑재되어 있는 걸음 측정 앱을 이용해서 자동 측정된 하루 동안의 운동량을 기록하고 그 거리에 해당하는 금액을 자신의 기부금 통장에 적립합니다. 숲 산책을 좋아하는 친구, 서울 둘레길을 꾸준히 걷는 친구, 등산을 주로 하는 친구 등 각자 자신이 즐기는 방법대로 걷기를 실천하고 걸은 만큼의 거리에 해당하는 금액을 스스로 통장에 적립하고 있습니다. 어떤 친구들은 마라톤이나 수영을 해서 그 거리만큼 기부금을 적립하기도 합니다.

지난 2월부터 11월 말까지 1,400km를 넘게 걷고 1,429,740원을 적립한 친구가 있어서 모두 깜짝 놀라며 부러움의 박수를 보내기도 했습니다. 회원들은 10개월 동안 평균 300~600km 정도씩 걸었고 30만 원에서 60만 원씩 기부금을 마련했습니다.

회원들은 '1m1원'의 활동을 하다 보면 자연스럽게 매달 자신이 어느 정도의 거리를 걸었는지 가늠할 수 있고 다음 달에 걷고자 하는 목표 거리도 정할 수 있어서 스스로의 건강을 지키기에 더할 나위 없이 좋은 방법이 되었다고 입을 모읍니다. 게다가 다른 친구들의 기록을 보며 긍정적인 자극도 받을 수 있어서 좋고 모은 돈을 필요한 곳에 기부할 수 있다는 생각에 걷기가 더욱 즐거웠다고 합니다. 기부금을 모으겠다는 목표가 생기니까 운동을 꾸준히 하는 효과가 덤으로 생겼다는 친구들의 이야기에 모두가 흐뭇해했던 기억도 납니다.

연말에 가진 정기 모임에서 그동안의 걷기 기록을 확인하고 기부금을 어디에 어떻게 쓸지 의논했습니다. 각자 걸은 거리도 다르고 모은 적립금도 달랐지만 모은 금액에서 10만 원씩을 따로 떼어서 공동 기부금을 조성하기로 했습니다. 그리고 나머지 금액은 스스로 후원할 곳을 알아보고 선택한 곳에 자발적으로 기부하기로 했습니다.

그렇게 모은 공동 기부금을 후원할 곳은 회원들이 함께 알아보았습니다. 회원들이 추천한

적립하다　햇병아리　탑재되다　둘레길　가늠하다　더할 나위 없다　덤

8곳의 기부처를 자세히 소개하고 열흘 정도 살펴볼 수 있는 시간을 가진 뒤 투표를 했는데 그때 선택된 기부처가 '좋은 친구'였습니다. '좋은 친구'는 세계 여러 나라의 산악 지역에 사는 아이들을 돕고 있었습니다. 어느 산골 학교에 통학 차량을 지원하자는 제안이 있었는데 걷기를 통해서 모은 후원금으로 아이들이 안전하게 학교에 다닐 수 있는 통학 차량을 구입한다는 점에서 회원들의 많은 호응을 얻었습니다.

아이들을 위해서 통학 차량을 지원하는 프로젝트에 우리가 걸으면서 모은 기부금을 쓰기로 결정하고 하루 종일 마음이 참 따뜻했습니다. 아이들이 더 이상 학교에 가는 데 지치고 힘들지 않기를 소망합니다. 그리고 세상에서 가장 의미 있는 걸음, 그 걸음이 새해에 선물해 줄 또 다른 선한 일을 꿈꾸며 더욱 열심히 걸어야겠다고 다짐해 봅니다. 이 의미 있는 걸음에 여러분을 초대하고 싶습니다. 함께 걷지 않으시겠어요?

(출처: 박민정, 「세상에서 가장 따뜻한 걸음」, 『좋은 친구 FRIENDS』(일부 재구성))

1 이 모임의 목적과 기본 원칙이 무엇인지 쓰십시오.

목적: 1) ______________________

기본 원칙: 2) ______________________

2 '1m1원'에 대한 설명으로 맞는 것을 고르십시오. (   )

① 글쓴이가 이 모임의 대표로 활동하고 있다.
② 정기적으로 모임을 하고 사진과 영상을 올린다.
③ 같이 걸은 만큼 쌓인 돈을 모두 공동으로 기부한다.
④ 걷기, 마라톤, 수영을 취미로 하는 사람들의 모임이다.

기부처 산악 산골 다짐하다

3 이 글의 내용과 같으면 ○, 다르면 X 하십시오.

1) 모임의 회원들은 정기적으로 일정한 거리를 걷기로 약속했다. ( )
2) 기부할 곳은 회원들의 추천을 받은 후에 투표로 결정했다. ( )

4 이 모임에 참여한 사람들의 반응이 아닌 것을 고르십시오. ( )

① "저 친구만큼 나도 걸어 봐야겠어."
② "이런 활동은 건강에도 정말 좋은 것 같아."
③ "우리가 같은 방법으로 함께 노력하는 게 정말 중요해."
④ "내가 열심히 걷는 게 다른 사람에게도 도움이 된다니 뿌듯해."

Ⅲ. 정리해 봅시다

여러분이 할 수 있는 봉사 활동에 대해서 이야기해 봅시다. 어디에서 무슨 활동을 하겠습니까?

15과 개인과 공동체

2. 하나가 되는 지구촌

MP3 / 37

• 학습 목표: 비정부 기구와 국제 문제에 대한 이야기를 듣고 이해할 수 있다.

준비해 봅시다

1 여러분은 이 세계가 하나라는 것을 언제, 어디에서 느낍니까? 지구촌이라는 말을 언제 실감합니까?

스포츠 경기

대중문화 공연

환경 문제

감염병의 세계적 유행

2 우리가 관심을 가져야 할 국제적인 문제는 무엇입니까? 여러분은 무슨 문제에 관심이 있습니까?

평화는 무력으로 유지될 수 없다. 오직 이해를 통해서만 유지될 수 있다.
- 알버트 아인슈타인(물리학자)

평화는 단순히 갈등 없는 상태가 아니다. 평화란 인종이나 피부색, 신념, 종교, 성별, 계급, 계층 등의 사회적 차별 요소와 상관없이 모두 풍요롭게 잘 살 수 있는 환경을 만들어 내는 것이다.
- 넬슨 만델라(정치인)

빨리 가고 싶다면 혼자서 가도 되지만 멀리 오래 가고 싶다면 같이 가야 한다.
- 아프리카 격언

Ⅱ. 들어 봅시다

[1] 듣고 질문에 답하십시오.

1 들은 내용과 같은 것을 고르십시오. (　　)

① 이 단체는 한국 정부의 지원금으로 활동한다.
② 이 단체는 한국의 농촌 지역에서 주로 활동한다.
③ 이 단체는 세계의 청년들과 교류하며 봉사 활동을 한다.
④ 이 단체는 외국인의 문화 체험을 위해서 김장을 담갔다.

[2-3] 듣고 질문에 답하십시오.

2 무엇에 대해서 이야기하고 있습니까? (　　)

① 난민 지위 신청과 결과 사례
② 한국 정부의 난민 지원 사례
③ 난민의 인권 문제와 해결 방안
④ 난민 문제에 대한 이해와 지원 노력

3 들은 내용과 같은 것을 고르십시오. (　　)

① 난민 문제는 유럽 지역에서 해결해야 한다.
② 세계화 시대에도 계속 분쟁과 내전이 일어나고 있다.
③ 다른 나라로 탈출하는 사람들만을 난민이라고 한다.
④ 지진 같은 천재지변으로 인한 이재민은 난민과 구별된다.

공유　댓글　난민　지리적　보도되다　정의하다

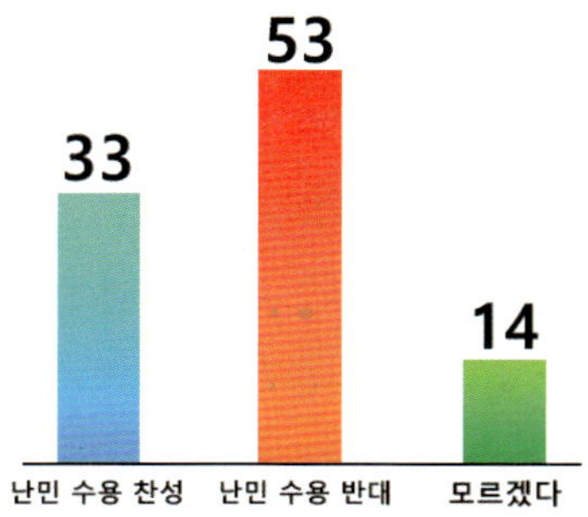

난민 수용에 대한 태도 (단위 %)

난민에 대해서 알고 있습니까? (단위 %)

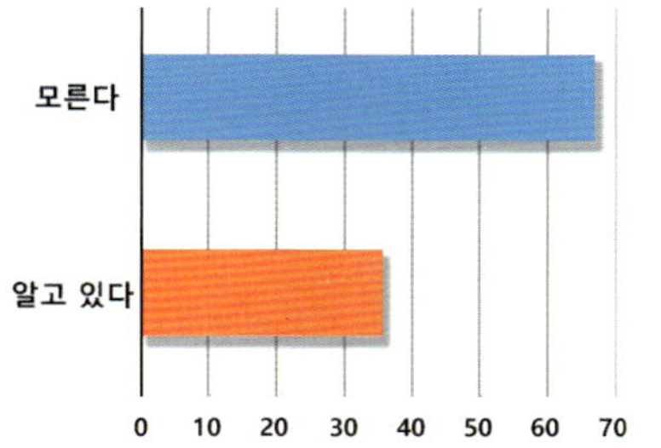

자료 : 한국리서치

[4~6] 다시 듣고 질문에 답하십시오.

4 난민에 관한 설문 조사 결과와 다른 것을 고르십시오. ( )

① 난민 문제를 알고 있는 한국인이 대다수이다.
② 난민에 대한 이해와 관심도가 높아지고 있다.
③ 한국 남성과 고학력층의 관심이 높아지고 있다.
④ 난민 수용 문제에는 아직 부정적인 의견이 더 많다.

5 유엔 난민 기구의 활동을 모두 고르십시오.

- □ 보건 의료 지원
- □ 교육 기회 제공
- □ 내전 중지 협상
- □ 지역 사회 정착 지원
- □ 난민 귀향 지원
- □ 난민 보도 전문 방송국 설립

6 들은 내용과 같으면 ○, 다르면 X 하십시오.

1) 한국 전쟁으로 인한 실향민도 난민이라고 볼 수 있다. ( )
2) 한국은 현재 유엔 난민 기구의 비회원국으로 활동하고 있다. ( )

위협 천재지변 내전 수치 실향민 구출 조성하다 인도주의

Ⅲ. 정리해 봅시다

다음은 국제기구와 비정부 기구입니다. 여러분이 참여해서 활동하고 싶은 곳이 있으면 소개해 봅시다.

- ☐ 유네스코
- ☐ 유니세프
- ☐ 해외 봉사 엔지오
- ☐ 국제 엠네스티
- ☐ 적십자사
- ☐ 환경 엔지오
- ☐ ____________

16과 사회 공동체

1. 이기주의의 극복

MP3 / 38

• 학습 목표: 이타심에 대한 글을 읽고 이해할 수 있다.

준비해 봅시다

1 여러분은 인간이 태어날 때 착하게 태어난다고 생각합니까, 악하게 태어난다고 생각합니까? 어느 쪽을 믿으십니까?

인간은 본래 선하다　　인간은 본래 악하다

2 사람들은 언제 이기적인 행동을 합니까? 이기적인 행동이 인간관계에 어떤 영향을 미칠까요?

사람들은 자신에게 유리한 일이면 즉시 실천한다.
하지만 자신에게 도움이 안 되는 일에는 굼벵이보다 더 느리다.
- 아이드리스 샤(작가)

오직 자신만을 위해 사는 이기적인 사람은 남에게는 죽은 것과 다름없는 존재다.
- 푸블릴리우스 시루스(작가)

인간의 행위는 세 가지 기본적인 토대 위에서 일어난다.
첫째는 자기 자신의 이익을 바라는 이기심에서이고, 둘째는 타인의 손실을 바라는 배타심에서이며, 셋째는 남의 복리를 바라는 동정심에서다.
- 아르투어 쇼펜하우어(철학자)

악하다　굼벵이

II. 읽어 봅시다

다음 글을 읽고 질문에 답하십시오.

숨겨진 이타주의를 깨워야 한다

늦은 밤 한적한 고속도로, 19세 젊은 여성이 차를 몰고 어두운 도로 위를 달리고 있었다. 그때 갑자기 개 한 마리가 차 앞으로 뛰어들었다. 그녀는 황급히 핸들을 돌렸지만 개를 치고 말았고 그 충격으로 차는 그대로 몇 바퀴를 돌았다. 고속도로 한가운데에 역방향으로 멈춰 선 차는 시동마저 꺼져 버렸다.

운전대를 움켜쥔 여성은 이제 꼼짝없이 죽는구나 싶었다. 그때 건너편을 달리던 차 한 대가 급히 멈춰 섰다. 차에서 내린 남자는 아무런 주저함도 없이 고속도로 4개 차선을 가로질러 그녀에게 달려왔다. 필요한 응급조치를 하고 그녀를 안전한 곳으로 옮긴 다음 그는 이름도 밝히지 않고 그대로 사라졌다. 정신이 반쯤 나간 그녀는 미처 고맙다는 말도 하지 못했다.

세월이 흘렀지만 그날 밤 자신을 구하고 사라진 남자의 모습은 그녀의 머릿속을 떠나지 않았다. 그녀는 아무런 대가도 바라지 않고 생면부지인 자신을 구해 준 남자의 심리가 내내 궁금했고 결국 그것을 규명하는 삶을 살게 되었다. 미국 조지타운 대학의 신경 과학과 교수 아비가일 마쉬(Abigail Marsh)가 그 주인공이다. 그녀의 연구 주제는 어떤 대가도 없이 때로는 엄청난 위험에도 불구하고 남을 돕는 행동, 즉 이타심의 근원에 대한 것이다.

인간은 본래 선할까, 악할까? 질문은 간단한데 대답은 간단하지 않다. 선악에 대한 판단이 무겁게 느껴진다면 약간 쉬운 문제로 돌아가 보자. 인간은 본래 이기적일까, 이타적일까? 분명히 말하는데 이기적이다. 인간은 우리 모두 마찬가지다. 이기적인 사람도 가끔 이타적인 행동을 하는 경우가 있기는 하지만 대개 나중에 얻을 더 큰 이익을 생각하고 그렇게 하는 경우가 많다. 그래서 본래 인간은 이기적이라고 할 수 있다. 철학이나 경제학, 경영학, 심리학 등 사람을 다루는 모든 학문에서도 인간의 이기심을 기본 전제로 한다.

그럼 자기를 희생하면서까지 남을 돕는 사람들은 도대체 어떻게 된 것일까? 마쉬 교수는 2가지 측면에서 그 답을 찾았다. 첫 번째는 뇌 구조의 차이 때문이고, 두 번째는 심리적인 차이 때문이다.

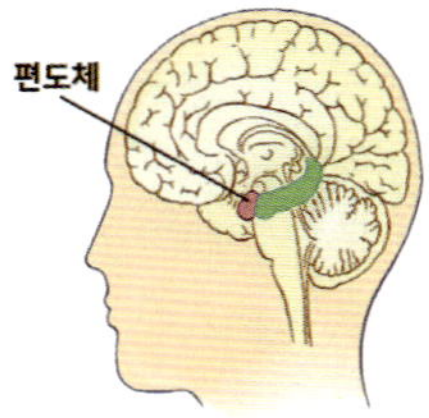

우선 뇌 구조를 들여다보자. 뇌에는 두려움이나 고통과 관련된 자극을 처리하는 부분인 편도체가 있는데 타인에 대한 연민이나 동정과는 거리가 먼 사이코패스(psychopath)의 편도체는 일반인보다 20%가량 크기가 작고 그 반응성도 크게 떨어진다고 한다. 반면 이타주의자들은 정반대이다. 모르는 사람을 위해서 자신의 장기를 기증하는 사람들의 뇌를 측정해 보면 이들의 편도체는 일반인들보다 8% 정도 더 크고 반응도 훨씬 활발하다. 한마디로 이타주의자들은 원래 그렇게 타고난 부분이 있다는 말이다. 당신의 편도체가 다소 작을지라도 실망할 필요는 없다. 마음먹기에 따라 후천적으로 이

꼼짝없이　주저하다　가로지르다　응급조치　대가　생면부지　규명하다　이타심

타주의를 키울 수 있다. 마쉬 교수가 장기 기증자들을 대상으로 조사한 바에 따르면 그들은 자신이 세상의 중심이고 남들보다 더 중요한 존재라고 생각하지 않는다고 한다. 또한 자신의 이타적인 행동을 별로 특별하다고 여기지도 않았다. 그들은 동정의 대상을 친구나 가족을 넘어 전혀 모르는 사람들에게까지 확장한다. 마쉬 교수는 '자기로부터 벗어날 수 있는 성향'이 정도의 차이는 있지만 사회가 발전하고 인격이 성숙되면서 나타나는 공통된 현상이라고 말한다. (중략)

(출처: 박용삼, 『테드, 미래를 보는 눈』(일부 재구성))

1 다음은 이 글의 내용입니다. 순서대로 나열하십시오.

① 갑작스러운 사고
② 이타심에 대한 연구 시작
③ 낯선 사람의 조건 없는 도움
④ 이타적인 사람의 뇌 구조와 심리
⑤ 인간의 근본 성질에 대한 학문적 전제

( ) → ( ) → ( ) → ( ) → ( )

2 이 글의 내용과 다른 것을 고르십시오. ( )

① 이타주의자들은 선천적으로 타고난 부분이 있다.
② 장기 기증자의 편도체는 사이코패스의 편도체보다 작다.
③ 편도체의 크기는 타인에 대한 연민의 감정과 관계가 있다.
④ 사람에 대한 학문에서는 기본적으로 이기심을 전제로 한다.

편도체 연민 측정하다 후천적 인격 성숙되다

3 마쉬 교수에 의하면 이타적인 사람들의 심리적 특징은 무엇입니까? (   )

① 자신이 남들보다 더 중요하다고 생각한다.
② 자신이 세상의 중심이라고 생각하지 않는다.
③ 이타적 행동의 대상을 주변 사람으로 제한한다.
④ 자신이 한 이타적인 행동을 대단하게 생각한다.

4 마쉬 교수가 이타심에 대한 연구를 시작한 계기는 무엇입니까? 이 글에서 찾아서 쓰십시오.

____

III. 정리해 봅시다

여러분은 일상생활 속에서 내가 아닌 타인을 위해서 무엇을 할 수 있다고 생각합니까? 이타심을 기를 수 있는 방법은 무엇입니까?

16과 사회 공동체

2. 함께하는 다문화 사회

MP3 / 39

• 학습 목표: 이타심에 대한 글을 읽고 이해할 수 있다.

준비해 봅시다

1 여러분은 이타적인 삶과 이기적인 삶 중에서 어떻게 사는 것이 더 행복하다고 생각합니까? 여러분은 어떤 삶을 살고 있습니까?

2 이기주의가 사회에 도움이 된다고 생각합니까? 어떻게 하면 이기주의가 사회에 도움이 될 수 있을까요?

이기적인 사람은 남을 위할 줄 모를 뿐만 아니라 자기 자신도 위하지 못한다.
- 에리히 프롬(심리학자)

자기 자신만 생각하고 모든 것을 자기의 이익에 귀착시키는 사람은 행복하게 살 수 없다.
진정으로 자신을 위해서 살려면 이웃을 위해서 살아야 한다.
- 루키우스 세네카(정치인)

귀착시키다

다음 글을 읽고 질문에 답하십시오.

숨겨진 이타주의를 깨워야 한다

(중략) 실제 현대 사회는 과거에 비해서 더 이타적으로 발전해 왔다. 역사를 놓고 볼 때 전 세계적으로 동물 학대나 아동 학대, 가정 폭력 또는 사형 같은 각종 잔인함과 폭력이 수치적으로 감소한 것은 사실이다. 혈액 기증만 해도 100년 전 사람들은 절대 이해하지 못했을 행동이다. 이미 우리는 주변에서 작은 봉사에서부터 기부, 장기 기증까지 여러 형태의 이타적 행위들을 볼 수 있다. 편도체의 크기야 어쩌지 못한다고 해도 교육이나 여론, 사회 분위기에 따라서 누구나 얼마든지 이타심을 키우고 그 범위를 확장시켜 나갈 수 있다.

인간은 서로 다른 두 가지 면을 동시에 가지고 있다. 이기심 못지않게 이타적인 면도 함께 지니고 있다. 문제는 그 배합 비율이다. 예수는 선한 사마리아(Samaria)인처럼 위급한 상황에 놓인 사람을 돕는 일이 곧 사랑의 실천이라고 했다. 공자는 자기 생명을 희생해서 남의 목숨을 구하는 살신성인이 최상의 인(仁)이라고 했다. 각자도생이 당당한 주장이 되어 가는 지금, 그래서 더 그들의 가르침이 멀게만 느껴진다.

몇 년 전 운전 중에 의식을 잃고 쓰러진 택시 기사를 그대로 놔두고 골프 가방만 챙겨서 떠난 승객들이 여론의 도마 위에 오른 적이 있다. 이기주의, 이타주의를 떠나서 이것은 양심의 문제다. 이 사건 직후 '선한 사마리아인 법(구조 불이행죄)'이 국회에 발의되기도 했다. 도움이 필요한 사람을 외면하면 1년 이하의 징역 또는 300만 원 이하의 벌금에 처하게 하자는 내용이다. 그 뜻은 좋으나 과연 법이 어디까지 도덕의 영역에 들어와야 하는지 씁쓸하기만 하다.

그래도 희망은 있다. 우리 주변에, 특히 평범한 이웃들의 마음속에 여전히 이타심의 불꽃이 살아 있기 때문이다. 일본 지하철 선로에 떨어진 일본인을 구하려다 숨진 이수현 씨, 세월호 참사 당일 끝까지 학생들을 구하다가 배에서 나오지 못한 승무원 박지영 씨, 출근길 교통사고 피해자를 구조하다가 신호를 위반한 트럭에 치여 목숨을 잃은 정연승 상사, 원룸 건물 화재 현장에서 입주민들의 대피를 돕다가 질식해 숨진 안치범 씨, 이들 의인들의 용기와 희생이 때로는 위안이 되고, 또 때로는 스스로를 돌아보는 계기가 되어 우리 사회에 온기를 유지해 준다.

프랑스의 경제학자 자크 아탈리(Jacques Attali)는 실업이나 빈부 격차 같은 현대 사회의 문제들이 인간의 단기적 이기심에서 시작된 것이라고 지적한다. 그런데 앞으로 사회가 성숙되면 세상은 이타주의자들이 지배하는 '이기적 이타주의' 시대가 될 것이라고 주장한다. 혼자서만 행복한 것은 오래갈 수 없기 때문에 자신이 행복하려면 다른 사람도 행복하게 만들어야 한다는 것이다. 아탈리의 전망이 위로에 그치지 않고 우리 사회를 더 이타적인 사회로 만드는 마법의 주문이 되었으면 한다.

행위　배합　위급하다　살신성인　인　각자도생　양심　발의되다　참사　의인 인간은 손이 2개다. 이기주의가 경제를 움직이는 보이지 않는 '한' 손이라면 보이지 않는 '다른' 손은 이타주의여야 하지 않을까. 두 손의 협주 속에 세상은 물질적으로 더 살 만한 곳이 될 것이다.

(출처: 박용삼, 『테드, 미래를 보는 눈』(일부 재구성))

1 사회가 이타적으로 발전하고 있다는 근거가 <u>될 수 없는</u> 것은 무엇입니까? (　　)

① 폭력이 전 세계적으로 줄고 있다.
② 현대인들은 각자도생을 당연하게 받아들인다.
③ 과거에 없던 다양한 형태의 이타적 행위가 생겼다.
④ 우리 주변에 자신을 희생해서 이웃을 돕는 의인들이 있다.

2 자크 아탈리의 주장과 <u>다른</u> 것은 무엇입니까? (　　)

① 미래는 이기적 이타주의 시대가 될 것이다.
② 사회의 빈부 차이는 이기주의 때문에 생겼다.
③ 성숙한 사회가 될수록 이기적인 사람이 많아질 것이다.
④ 인간의 이기심이 없었다면 실업 문제는 생기지 않았을 것이다.

3 '이기적 이타주의'란 무엇입니까? 이 글에서 찾아서 쓰십시오.

____

빈부　지적하다

4 이 글을 바르게 이해한 사람은 누구입니까? (　　　)

① "위급한 사람을 봐도 못 본 척해야겠구나."
② "의인들이 없으니 이제 우리 사회는 희망이 없구나."
③ "타인을 돕는 것이 결국 나 자신을 위하는 일이구나."
④ "후천적인 교육으로 이타심을 키우는 건 불가능하구나."

Ⅲ. 정리해 봅시다

주변에서 볼 수 있는 '이기적 이타주의'의 예는 어떤 것이 있습니까? 이타적인 행동은 우리에게 어떻게 도움이 될까요?

복습

MP3 / 40

다음 글을 읽고 질문에 답하십시오.

'다문화 가족'이란 말 그대로 다른 민족 또는 다른 문화적 배경을 가진 외국 출신 가족 구성원이 포함된 가족을 의미한다. 대부분 부모 중 한 사람이 외국인으로 결혼 이민을 오거나 결혼 후 귀화하여 가정을 꾸린 경우이다. 이들은 한국 사회의 구성원으로 정착하는 과정에서 문화적인 차이나 언어 때문에 여러 가지 어려움을 겪게 된다. 따라서 정부에서는 다문화 가족 구성원이 대한민국에서 생활하는 데 필요한 기본적인 정보를 제공받고 사회 적응 교육, 직업 교육과 훈련 및 언어 소통 능력 향상을 위한 한국어 교육 등을 받을 수 있도록 지원하고 있다. 이때 거주지 및 가정 환경 등에 따라 서비스에서 소외되는 이들이 없도록 방문 교육이나 원격 교육 등 다양한 방법으로 교육을 지원하고 있다.

교육 부분에서는 우선 다문화 청소년의 교육 격차를 개선하고 동등한 교육 기회를 보장하기 위해서 진로 컨설팅을 해 준다. 그리고 다문화 가족의 부모와 자녀 관계에서 생기는 문제를 해결하는 데 도움을 주기 위해서 다문화 가족 관계 회복 프로그램도 실시하며 자녀 교육과 자녀의 사회 진출에 도움이 될 수 있도록 '다문화 부모 학교'를 연다.

그리고 다문화 가족의 구성원이 사회의 다양한 영역에 진출하여 능력을 발휘할 수 있도록 지원을 강화하고 있는데, 예를 들어 이중 언어를 사용하는 인재를 지속적으로 찾아내서 그들에게 취업 정보를 제공하고 사회 진출을 돕는다. 또한 결혼 이민 여성의 경력 개발에서부터 취업 후 직장에 적응하는 과정까지 지원하고 있다.

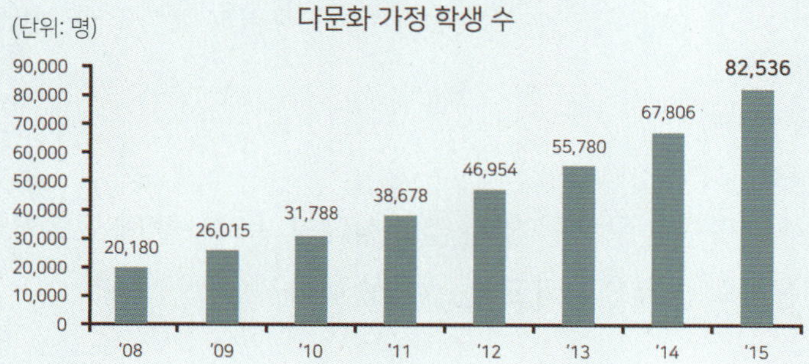

1. 다문화 가정에 대한 교육 부분의 지원 정책을 찾아서 쓰십시오.

2. 여러분 나라에는 다문화 가족이나 이민자를 위한 지원 정책이 있습니까? 어떤 프로그램이 있으면 좋겠습니까?

동등하다

문화 한국인의 공동체 문화, 품앗이와 두레

15~16과

'우리 품앗이할까?' 이 말은 아직도 한국인이 즐겨 사용하는 표현이다. 예로부터 내려온 한국 전통문화인 '품앗이'는 일손이 필요할 때 도움을 받으면 다음번에 다시 일을 되갚아 주는, 신뢰와 의리를 바탕으로 한 노동의 교환 형식이다. 과거 농촌 사회였던 한국에서는 일이 바쁠 때나 지붕 올리기, 집 짓기, 김장 담그기와 같이 생활 속에서 혼자 하기 힘든 일이 있을 때 일대일이나 소규모로 노동을 교환하는 '품앗이'를 했다.

예를 들어, 많은 양의 김장을 하던 시절에는 '품앗이'라는 이름으로 이웃 사람들이 모여서 공동 작업을 했다. 이렇게 함께 김장 김치를 담그고 나누는 문화는 한국 고유의 공동체 문화로 인정되어 2013년 유네스코 세계 무형 문화유산으로 등재되었다.

한국인의 공동체 의식을 엿볼 수 있는 또 다른 풍습으로 '두레'가 있다. 두레는 가장 규율이 강한 공동체적 생활 양식이었는데 사람들은 마을 단위로 '두레'를 조직하여 농사의 전 과정을 함께했다. '두레'는 노동뿐만 아니라 마을 사람들의 친목 도모를 위해서 풍물도 함께 즐겼다고 한다.

1. 지난번 이사 때 도움받은 것을 잊지 않고 상대방이 이사할 때 도와줬다면 이것은 두 가지 전통문화 중 무엇이라고 할 수 있습니까?

2. 여러분 나라에는 어떤 공동체 문화가 있습니까?

신뢰 의리 김장

17과 자연과 인간

1. 자연의 아름다움

MP3 / 41

• 학습 목표: 자연의 아름다움에 대한 글을 읽고 이해할 수 있다.

준비해 봅시다

1 여러분은 언제 자연이 아름답다고 느낍니까? 자연이 아름답다고 느끼는 이유는 무엇입니까?

2 우리는 자연으로부터 어떤 혜택을 받고 있습니까? 자연의 아름다움을 지키는 방법은 무엇일까요?

자연을 닮아

내 마음은 달을 닮아
차오르기도 하고 기울기도 해

그리고 해를 닮아
떠오르기도 하고 지기도 하지

내 마음은 파도를 닮아
밀려오기도 하고 밀려가기도 해

그리고 밭을 닮아
씨앗을 키워서 열매를 맺기도 하지

(출처: 이해인, 『고운 새는 어디에 숨었을까』)

차오르다 기울다

II. 읽어 봅시다

다음 글을 읽고 질문에 답하십시오.

세상에서 가장 아름다운 자연

어느 날 '무공해 일몰을 보러 가자'는 위튼 씨의 제안에 우리는 키나이 해변의 언덕으로 갔다. 눈앞에는 흰 눈을 뒤집어쓴 잘생긴 화산들이 일렬로 정렬해 있고, 그 앞에는 푸른 바다가 가로놓여 있다. 막내가 절벽에 걸려 있는 인명 구조용 로프를 발견했다.

"비야 누나, 내려가 보고 싶지?"

"물론이지."

우리는 절벽의 로프에 매달려 사람의 발길이 닿지 않은 해변으로 내려갔다. 한국에서 암벽 등반을 하던 내게는 그리 힘든 일도 아니다.

내가 아무리 위험한 짓을 해도 이제 위튼 씨는 말리는 시늉도 안 한다. 말려 보았자 소용없다는 걸 너무나 잘 알고 있는 거다.

아래에서 올려다보니 언덕 가장자리에 서 있는 위튼 씨가 성냥개비만 하게 보인다. 밀물이 밀려오고 있어서 우리가 서 있는 모래밭이 몇 분 후면 바닷물로 덮이겠지만 그래도 모래 위에 이름 석 자를 내 키보다도 더 크게 써 놓는다. 바다가 내 이름을 휩쓸어 갈 때 나도 대자연의 품으로 휩쓸려 갈 것이라는 근사한 생각을 하면서.

내가 지금껏 가 본 곳 중에서 자연이 가장 아름다운 곳이 어디냐고 물으면 나는 서슴없이 알래스카라고 대답한다. 지금도 그렇고 앞으로도 변하지 않을 거다.

알래스카는 갈 때마다 자연에 대한 경외감을 불러일으킨다. 지구의 태곳적 신비를 맛볼 수 있기 때문일까. 하늘과 땅과 바다가 연출하는 자연의 조화를 두루 보여 주는 곳이기 때문일까. 거대하고도 광활한 대자연 앞에 서면 인간이란 얼마나 힘이 없고 하찮은 존재인가를 절실히 느끼게 된다.

미국 사람들은 알래스카를 '마지막 개척지'라고 부른다. 이 말이 마지막으로 개척할 곳이라는 말인지 개척이 안 된다는 말인지는 알 수 없지만 나는 알래스카는 미약한 인간의 힘으로는 절대로 개척할 수 없는 곳이라고 생각한다. 어떻게 감히 대자연을 개척할 수 있겠는가.

인간은 아주 오래전부터 자연을 정복의 대상으로만 생각해 왔다. 그래서 사람들은 산 정상에 올라가거나 또는 자연의 작은 법칙을 발견해 내고는 '자연을 정복했다'고 말한다. 마치 거대한 호수에서 한 컵의 물을 뜨고는 그 조그만 잔에 호수를 다 담은 듯 호들갑을 떠는 것과 같다. 아무리 많은 컵에 물을 떠 간대도 호수는 호수로 남아 있는데 말이다.

무공해 일몰 일렬로 정렬하다 매달리다 짓 밀물 휩쓸다 경외감 태곳적

인간은 자연을 절대로 정복할 수 없다. 아니, 정복해서는 안 된다. 그 대신 자연과 융화되어 자연스럽게 살아야 한다. 이게 바로 동양의 정신이다.

최근에는 동서양을 막론하고 이런 생각을 하는 사람들이 많아진 것 같다. 근대 문명 이전에 사람들이 가졌던 자연에 대한 순응과 경외가 다시 살아난다는 것은 정말 반가운 일이다.

자연은 자연 그대로 남아 있어야 한다. 그래야 자연(自然)이다.

(출처: 한비야, 『바람의 딸, 걸어서 지구 세바퀴 반 2』)

1 글쓴이가 키나이 해변에서 볼 수 있었던 자연물은 무엇입니까? 모두 쓰십시오.

2 글쓴이에 대한 설명으로 맞는 것은 무엇입니까? (   )

① 전에 암벽 등반을 해 본 적이 없다.
② 위험해 보이는 일은 하지 않는 편이다.
③ 다른 사람이 말려도 잘 듣지 않는 성격이다.
④ 모래 위에 쓴 이름이 없어질 때 아쉬움을 느꼈다.

절실히　개척지　미약하다　정복하다　호들갑

3 알래스카가 가장 아름답다고 느끼는 이유는 무엇입니까? (　　)

① 지구에서 가장 오래된 곳이기 때문에
② 자연에 대한 경외감을 느낄 수 있어서
③ 자연과 인간의 조화로운 모습을 볼 수 있어서
④ 인간이 얼마나 위대한 존재인지를 느낄 수 있어서

4 글쓴이의 중심 생각은 무엇입니까? (　　)

① 인간은 자연을 정복할 수 있다.
② 인간은 자연 앞에 미약한 존재이다.
③ 인간은 자연과 조화롭게 살아야 한다.
④ 자연은 인간의 뜻대로 개척되지 않는다.

Ⅲ. 정리해 봅시다

여러분 나라에서 가장 아름다운 곳은 어디입니까? 그곳의 특징은 무엇입니까?

17과

자연과 인간

2. 환경 파괴와 환경 보호

MP3 / 42

• 학습 목표: 환경 파괴와 환경 보호에 대한 이야기를 듣고 이해할 수 있다.

준비해 봅시다

1 생활 속에서 환경 문제를 심각하게 느낀 적이 있습니까? 이러한 환경 문제의 원인은 무엇이라고 생각합니까?

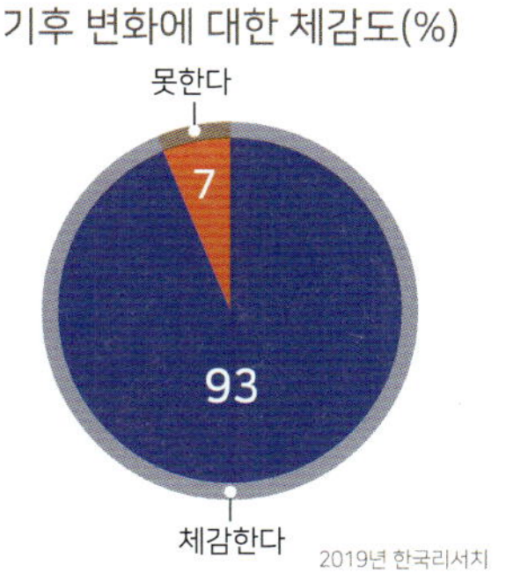

2 우리는 왜 자연을 보호해야 합니까? 인간과 자연이 함께 살아갈 방법은 무엇일까요?

자연과 가까울수록 병은 멀어지고 자연과 멀어질수록 병과 가까워진다.
- 요한 볼프강 폰 괴테(작가)

지구상의 생물들 중 어느 한 종을 잃는다는 것은 비행기 날개에 달린 나사못을 빼는 것과 같다.
- 파울 에를리히(미생물학자)

쓰레기라는 개념 자체를 없애 버리자. 쓰레기를 덜 발생시키고 덜 버리고 재활용하자는 개념이 아닌, 디자인 단계에서부터 쓰레기라는 개념을 없애 버리자는 것이다.
- 윌리엄 맥도너(디자이너)

종 나사못

II. 들어 봅시다

[1] 듣고 질문에 답하십시오.

1 패스트 패션이 환경에 미치는 악영향의 원인을 모두 고르십시오.

- ☐ 물 사용량의 증가
- ☐ 천연 섬유의 부족 현상
- ☐ 만들 때 발생되는 가스
- ☐ 옷에 사용되는 인공 소재
- ☐ 화학 제품 사용의 증가

[2-3] 듣고 질문에 답하십시오.

2 이 방송의 제목은 무엇입니까?

____

3 플라스틱 재활용과 환경 문제에 대해서 다음을 완성하십시오.

시민: 플라스틱 쓰레기 분리 배출 → 플라스틱 재활용 공장: 재질별 1) ________ → 잘게 부수기 → 2) ________ 원료로 가공

재질별 1) ________ → 소각, 3) ________

유실된 플라스틱 → 4) ________ 오염 → 5) ________ 플라스틱 → 해양 생물 → 인간

천연 섬유 합성 토양 썩다 재질 분류되다 소각되다 매립되다
가공하다 불순물 일차적 위협하다 먹이 사슬

[4~6] 다시 듣고 질문에 답하십시오.

4 플라스틱 재활용에 어떤 문제가 있습니까? (   )

① 시민들이 분리 배출을 제대로 안 한다.
② 플라스틱 재활용률이 점점 낮아지고 있다.
③ 플라스틱 재활용 과정이 번거롭고 복잡하다.
④ 불순물이 섞여 있어서 다시 버려지는 것이 많다.

5 들은 내용과 다른 것은 무엇입니까? (   )

① 플라스틱을 재활용해서 옷의 재료인 섬유를 만들 수 있다.
② 시민들은 플라스틱 재활용에 대해서 별로 걱정하지 않는다.
③ 플라스틱이 저렴하고 튼튼해서 그동안 편리하게 사용해 왔다.
④ 플라스틱으로 인한 바다 오염의 일차적인 피해자는 인간이다.

6 방송을 잘 이해한 사람의 말은 무엇입니까? (   )

① "플라스틱은 싸고 편리하니까 앞으로도 계속 쓰는 게 좋아."
② "플라스틱을 분리해서 버리는데도 생각보다 재활용률이 낮네."
③ "플라스틱은 다시 사용할 수 있으니까 많이 사용해도 문제없어."
④ "물고기한테는 미세 플라스틱이 흡수되지 않으니까 안심하고 먹어."

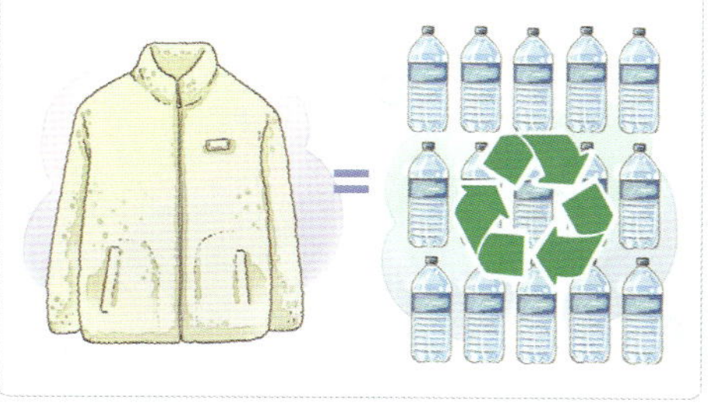

III. 정리해 봅시다

환경 보호를 위해서 우리가 생활 속에서 실천할 수 있는 것에는 무엇이 있습니까? 여러분은 어떤 방법을 제안하고 싶습니까?

가장 먼저 실천해야 할 환경 보호 활동

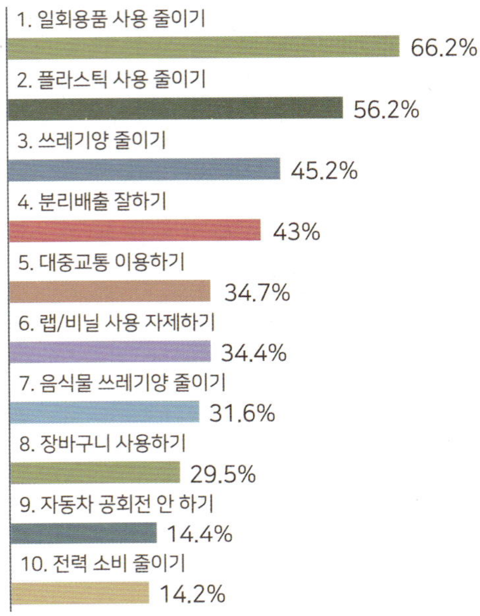

(출처: 엠브레인 트렌드모니터)

18과 건축과 환경

1. 한옥의 과학성

MP3 / 43

• 학습 목표: 한옥의 과학성에 대한 글을 읽고 이해할 수 있다.

준비해 봅시다

1 한옥을 보고 어떤 인상을 받았습니까? 한옥의 특징은 무엇이라고 생각합니까?

2 인간에게 집은 어떤 의미일까요? 여러분은 어떤 집을 짓고 싶습니까?

집은 생활하기 위한 기계이다.
- 르 코르뷔지에(건축가)

자연은 신이 만든 건축이며, 인간의 건축은 그것을 배워야 한다.
- 안토니 가우디(건축가)

나무가 자라면서 갖게 된 서로 다른 특성을 확신을 가지고 묘사할 수 있는 사람이라면 훌륭한 건축가가 될 것이다.
- 프랭크 로이드 라이트(건축가)

확신

Ⅱ. 읽어 봅시다

다음 글을 읽고 질문에 답하십시오.

한옥 속에 숨어 있는 과학 원리

옛것을 두고 과학적이라는 생각을 하기는 어렵습니다. 물론 옛것은 편리함과 거리가 멀어 보입니다. 그런데 지은 지 100년이 넘는 오래된 한옥을 잘 살펴보면 놀라운 과학적 요소를 찾을 수 있습니다.

한옥에서 찾을 수 있는 첫 번째 과학은 바람을 이용하는 방법입니다. 우리나라의 여름에는 남동풍이, 겨울에는 북서풍이 부는데 우리 조상들은 여름에 시원한 바람을 얻기 위해서 한옥에 남동 방향으로 바람길을 만들었습니다.

바람이 지나다니기 좋도록 집의 끝에서 끝까지 일직선으로 뚫기도 하고, 여러 개의 사선을 교차시켜 더하기(+) 모양의 바람길도 만들었습니다. 창의 위치도 모두 일직선으로 놓아서 바람이 막히지 않게 했습니다. 그래서 한옥에서 창을 모두 열어 놓으면 맨 끝에 보이는 창 너머의 바깥 풍경도 볼 수 있습니다.

이 중에 최고라고 생각할 수 있는 바람길은 조선 시대 학자 윤증 선생의 고택에 있습니다. 그 바람길은 바로 이 집 안채의 처마와 창고로 쓰이는 곳간채가 마주 보고 있는 곳인데 두 건물은 나란하지 않고 삐뚤어지게 놓여 있습니다. 건물을 삐딱하게 놓은 이유는 무엇일까요?

두 건물을 비스듬하게 놓으면 바람길의 양쪽 간격이 달라집니다. 남쪽이 넓고 북쪽이 좁게 만들어져 있습니다. 이렇게 되면 바람길 양쪽에서 재미있는 일이 생깁니다. 길이 넓은 남쪽에서 들어온 바람이 좁은 북쪽 길로 빠져나갈 때 바람의 속도가 빨라져서 더 시원한 바람이 불게 됩니다. 반대로 북쪽에서 들어온 바람은 남쪽으로 빠져나가면서 속도가 느려지고 순해지게 됩니다. 결국 윤증 고택에 있는 바람길은 여름에 불어오는 남동풍을 북쪽까지 시원하게 밀려 들어가게 만들고, 겨울에 부는 차가운 북풍은 순하게 만들어 주는 구조인 것입니다. (중략)

윤증 고택에서는 이처럼 두 건물의 간격을 다르게 만들어서 바람이 시작하고 끝나는 지점의 속도를 조절했습니다. 무려 300여 년 전에 만들어진 한옥에 바람의 속도를 조절할 수 있는 구조가 들어 있는 셈입니다. 고택의 주인은 바람이 빨리 흘러 들어가는 곳에는 차갑게 보관해야 할 것을 놓아두는 공간도 마련했다고 하니 정말 제대로 과학적인 집이라고 할 수 있습니다.

한옥에서 찾을 수 있는 두 번째 과학은 햇빛을 조절하는 방식입니다. 지구의 자전축은 23.5° 기울어져 있습니다. 따라서 북반구에서 해는 여름에 높이 뜨고 겨울에 낮게 뜹니다. 여름과 겨울에 각각 다르게 뜨는 햇빛을 잘 막고 불러들여야 여름에는 시원하게, 겨울에는 따뜻하게 지낼 수 있습니다.

요소　고택　일직선　교차시키다　안채　곳간채　나란하다　삐딱하다 한옥의 첫 번째 햇빛 조절 장치는 대청마루와 기단을 넘어 마당까지 닿는 처마입니다. 쭉 뻗은 처마는 여름에 빛을 막아 튕겨 내고 겨울에는 햇빛을 통과시킵니다. 또 여름엔 시원한 공기가, 겨울엔 따뜻한 공기가 빠져나가는 것을 막아 줍니다.

또 한옥은 방의 깊이를 얕게 지어서 추운 겨울에도 방 끝까지 햇빛이 들어오게 했습니다. 이 햇빛은 난방과 소독에 도움이 되었습니다. 창문도 여름과 겨울의 햇빛이 처마와 만나서 이루는 각도의 중간 지점에 냈습니다. 여름에는 햇빛을 피하고 겨울에는 햇빛을 불러들이기 위해서였습니다.

마당에는 꼭 왕모래를 깔았습니다. 모래에 반사된 햇빛이 대청마루와 방 안으로 들어와서 간접 조명의 역할을 하도록 만든 것입니다. 이렇게 한옥에는 바람과 햇빛을 다스리는 지혜가 숨어 있습니다. 올겨울에는 잘 보존된 한옥을 찾아가 숨어 있는 과학적 원리를 찾아보는 것도 좋을 것 같습니다.

(출처: 박태진, 「한옥 속에 숨어 있는 과학 원리」, 『사이언스타임즈』(일부 재구성))

1 한옥에 숨어 있는 두 가지 과학적인 원리는 무엇입니까? (　　,　　)

① 햇빛을 이용하는 여러 방식
② 방향에 따라 다른 창문의 위치
③ 바람을 이용할 수 있는 처마의 길이
④ 바람의 속도를 조절할 수 있는 구조

2 한옥의 햇빛 조절 장치에 대한 설명으로 맞는 것은 무엇입니까? (　　)

① 창문의 위치는 사계절 햇빛이 잘 들도록 정했다.
② 마당에는 간접적인 조명 효과를 보기 위해서 잔디를 깔았다.
③ 방의 깊이는 겨울에도 해가 길게 들 수 있도록 깊게 만들었다.
④ 처마의 길이는 여름과 겨울의 해의 높이를 고려해서 만들었다.

지점　자전축　북반구　기단　튕겨 내다　다스리다

3 이 글의 내용과 <u>다른</u> 것은 무엇입니까? (　　)

① 남동 방향으로 바람길을 내서 여름에 시원하게 지낼 수 있다.
② 두 건물 사이의 간격은 계절에 따른 바람의 방향과 관계가 있다.
③ 북반구에서는 겨울에 해의 위치가 낮아서 처마를 짧게 만들었다.
④ 바람이 잘 통하도록 창이나 문을 모두 일직선에 놓이게 만들었다.

4 한옥에서 두 건물을 삐딱하게 놓아서 두 건물 사이의 간격을 남쪽은 넓고 북쪽은 좁게 만들면 여름에 어떤 효과가 있습니까? 이 글에서 찾아서 쓰십시오.

III. 정리해 봅시다

여러분 나라를 대표하는 전통 가옥은 무엇입니까? 어떤 특징과 장점이 있습니까?

몽골

노르웨이

중국

러시아

18과 건축과 환경

2. 건축과 공간

MP3 / 44

• 학습 목표: 친환경 건축에 대한 이야기를 듣고 이해할 수 있다.

준비해 봅시다

1 여러분 나라에서 주로 볼 수 있는 건축물은 무엇으로 만들었습니까? 건물을 짓는 것은 환경에 어떤 영향을 미칠까요?

국내 온실가스 배출량 부문별 비중

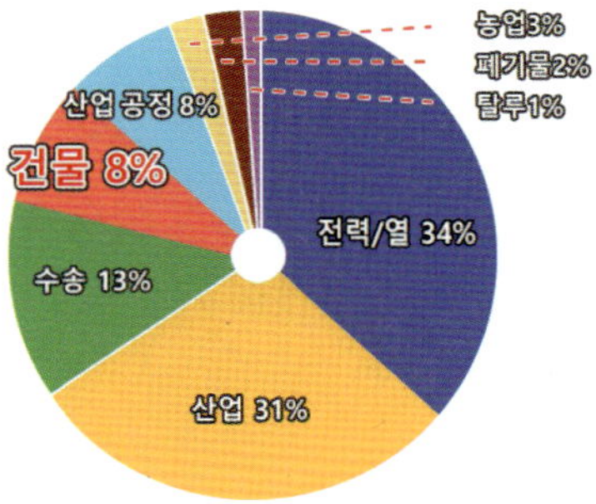

주 2013년 기준 자료 "환경부"

건축 자재 이산화 탄소 발생량
(산림 탄소 저장 효과를 고려한 배출량)

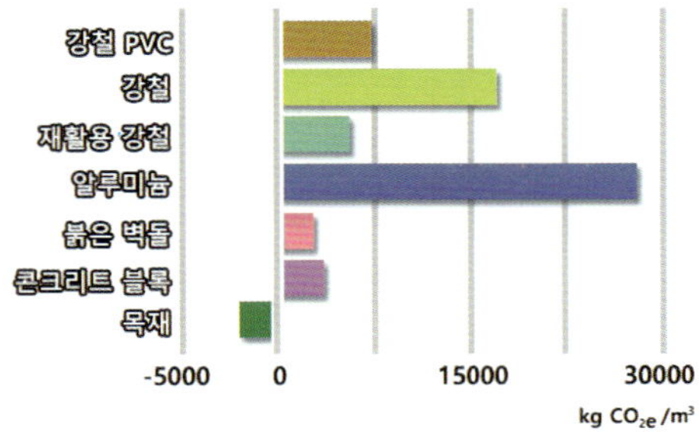

2 여러분이 건축가라면 어떤 집을 짓고 싶습니까? 우리는 환경을 위해서 어떤 집을 지으면 좋을까요?

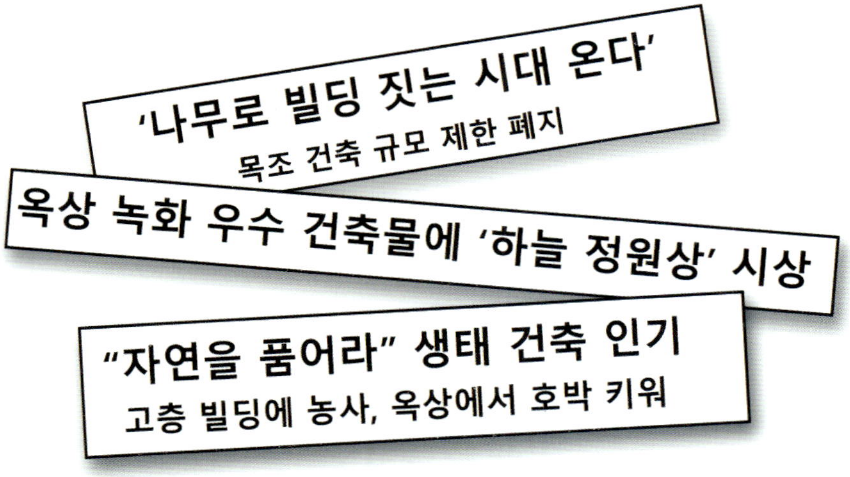

Ⅱ. 들어 봅시다

[1] 듣고 질문에 답하십시오.

1 1. 대화의 중심 내용은 무엇입니까? (　　)

① 목조 건물의 장단점　② 건축이 환경에 미치는 영향
③ 고층 건물의 환경 보호 효과　④ 친환경으로 주목받는 목조 건축

[2-3] 듣고 질문에 답하십시오.

2 두 사람은 무엇에 대해서 이야기합니까?

____

3 다음 건축물의 특징과 친환경 효과를 정리하십시오.

나라	건축물	특징	친환경 효과
미국	캘리포니아 과학 아카데미	옥상 녹화	겨울 실내 온도: 6~10도 올라감. 여름 실내 온도: 1) ________ 내려감.
		재활용 자재 사용, 2) ________ 재활용	3) ________, 방음
		4) ________ 지붕	자동으로 온도와 5) ________ 조절
일본	아크로스 빌딩	6) ________ 지붕에 가꾼 녹색 정원	에너지 절약
독일	하우스 2019	제로 에너지 빌딩	에너지 자체 생산: 7) ________, 땅의 열 활용

목조　이산화 탄소　자원　목재　녹화　녹지　확보하다　서식지　외부　방음
전력　완공하다　태양광

[4~6] 다시 듣고 질문에 답하십시오.

4 들은 내용과 같은 것을 고르십시오. (　　)

① 건축물은 기후 변화에 큰 영향을 주지 않는다.
② 일본 후쿠오카에는 계단을 정원으로 만든 건물이 있다.
③ 단열재는 건물 외부의 열이 내부로 전달되지 않도록 막아 준다.
④ 캘리포니아 과학 아카데미는 160년 전에 친환경 건축물로 지어졌다.

5 옥상 녹화의 효과로 맞는 것은 무엇입니까? (　　)

① 에너지를 저렴하게 생산할 수 있다.
② 땅에서 올라오는 열을 이용할 수 있다.
③ 여가 생활을 위한 공간을 얻을 수 있다.
④ 버려진 녹지 공간을 공원으로 조성할 수 있다.

6 이 대화에 공감하는 사람의 생각이 아닌 것은 무엇입니까? (　　)

① "옥상에 공원을 만들어서 소음을 줄여야겠다."
② "지붕에 큰 창문을 달아서 하늘을 볼 수 있게 만들 거야."
③ "나무로 집을 지어서 부술 때 건축 쓰레기가 남지 않게 해야겠다."
④ "지붕에서 태양광 발전을 할 수 있도록 해서 전기를 절약할 거야."

여러분 나라에서는 친환경 건축을 장려하기 위해서 어떤 노력을 하고 있습니까? 친환경 건축을 위한 인증 제도가 있습니까?

녹색건축인증
최우수(그린1등급)
★★★★

G-SEED
GREEN STANDARD FOR ENERGY AND ENVIRONMENTAL DESIGN
★★★★

복습

다음 글을 읽고 질문에 답하십시오.

서울특별시 신청사는 중구 세종대로에 위치한 지하 5층, 지상 13층 규모의 친환경 건축물이다. 새로 지어진 청사는 직원들의 업무 공간 외에 시민청 등 시민을 위한 공간이 무려 40%에 달하는 서울 시민의 시청이다.

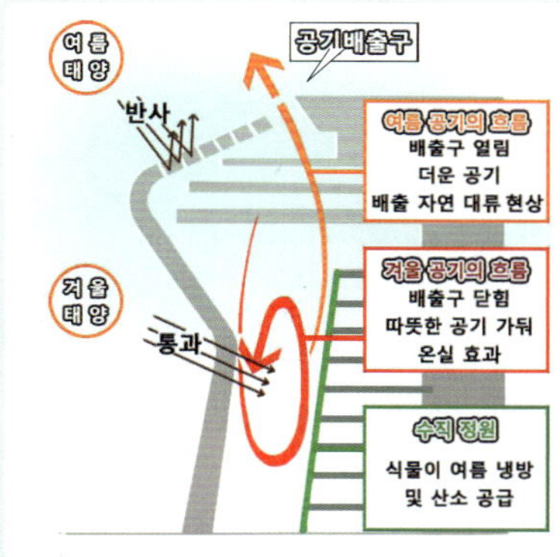

신청사를 방문했을 때 가장 먼저 시선을 끄는 것은 크기가 모두 다른 1,700장의 유리로 만들어진 외벽이다. 윗부분이 튀어나온 이 외벽은 한국 전통 가옥인 한옥의 처마를 현대적으로 디자인한 것인데 아름다울 뿐만 아니라 처마의 기능성까지 그대로 살렸다. 한옥의 처마가 여름철 햇빛을 막아 주고 겨울철 햇빛을 확보했던 방식 그대로 신청사는 냉난방 효율을 높였다.

또한 신청사는 3중의 특수 유리를 사용해서 단열 효과와 적외선 차단 효과를 높였다. 그리고 유리 외벽 안에 이중으로 벽을 세워서 유리 벽과 벽 사이의 공간에서 공기 순환이 이루어지도록 설계했다. 자연적인 환기 효과까지 챙긴 것이다.

신청사 안으로 들어서면 세계 최대 규모의 '수직 정원'을 만나게 된다. '수직 정원'은 1층부터 7층까지의 벽면에 최고 28m의 높이로 조성되어 있는데, 총 14종의 식물이 빗물을 재활용한 물로 살고 있다. '수직 정원'은 실내 공기를 깨끗하게 만들어 주고 온도와 습도를 조절해 줄 뿐만 아니라 소음도 줄여 준다. 게다가 보는 사람의 마음도 편안하게 해 준다.

9층에는 '하늘 광장'이 있다. 위를 올려다보면 투명한 유리 위로 태양광과 태양열을 활용하는 시설이 보인다. 그리고 신청사의 밑바닥은 땅의 열을 활용할 수 있도록 설계되었다고 한다.

친환경 건축은 이제 선택이 아니고 필수이다. 서울시 신청사를 시작으로 우리가 사는 도시가 환경에 한발 더 다가가기를 소망해 본다.

1. 신청사에서 발견할 수 있는 에너지 절약 방식은 무엇입니까?

2. 여러분 나라의 대표적인 친환경 건축물은 무엇입니까?

달하다 튀어나오다 단열 적외선 소망하다

문화

경회루

17~18과

경복궁에서 가장 아름다운 곳은 경회루일 것이다. 경복궁의 꽃이라고 불리는 경회루에서 우리는 조선 시대 건축 미학의 정점을 볼 수 있다.

연못 위에 지어진 경회루는 처음에 작은 규모였는데 조선의 3대 왕인 태종 때 연못을 넓히면서 누각도 다시 크게 지었다. 누각은 2층 구조인데 1층은 48개의 육중한 돌기둥이, 2층은 나무 기둥이 받치고 있다.

2층의 바닥은 나무로 되어 있는데 3단 구조로 높이가 각각 다르다. 직위에 따라서 앉는 자리가 정해지는데 누각의 중심에 있는 가장 높은 단의 자리는 왕의 자리였다. 사방의 문을 들어 올리고 왕의 자리에 앉으면 남쪽으로는 남산, 서쪽으로는 인왕산, 북쪽으로는 북악산이 그림처럼 펼쳐진다. 그리고 동쪽으로는 경복궁의 주요 건물들이 한눈에 보인다.

경회루는 외국 사신을 대접하거나 나라에 좋은 일이 있을 때 신하들에게 잔치를 베풀던 연회 장소였다. 경회루라는 이름은 '왕과 신하가 덕으로써 경사스럽게 만나는 누각'이라는 의미를 가지고 있다. 임진왜란 때 소실되어 기둥만 남아 있다가 고종 때에 다행히 그 모습을 되찾게 됐다.

1. 경회루 2층의 특징은 무엇입니까?

2. 여러분 나라에서 가장 아름다운 건축물은 무엇입니까?

미학　정점　받치다　육중하다　연회　베풀다

19과 한국 역사의 이해

1. 한국 역사의 흐름

MP3 / 46

• 학습 목표: 한국 역사에 대한 글을 읽고 이해할 수 있다.

준비해 봅시다

1 여러분 나라의 과거와 현재, 미래에 대해서 어떻게 생각합니까? 우리는 왜 역사를 알아야 할까요?

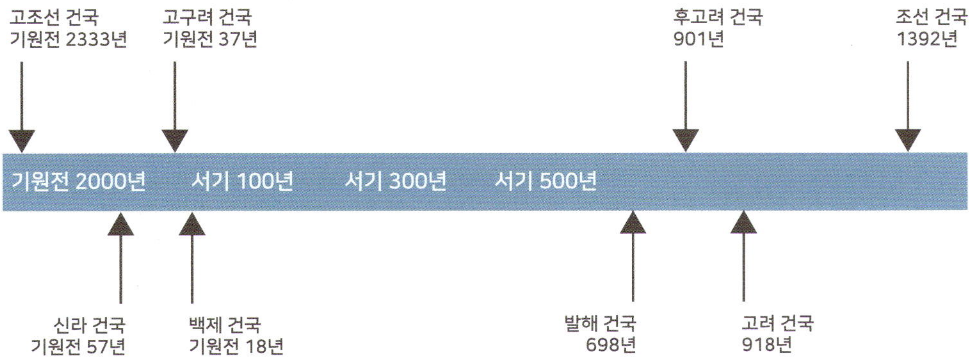

2 우리는 어디에서, 어떻게 역사를 배웁니까? 왜 역사 교육이 중요하다고 생각합니까?

옛것을 익히고 새것을 알면 남의 스승이 될 수 있다.
- 공자(학자)

역사란 역사가와 사실 사이의 지속적인 상호 작용의 과정이며 현재와 과거 사이의 끊임없는 대화이다.
- 에드워드 카(사학자)

인류에게 가장 큰 비극은 지나간 역사에서 아무런 교훈도 얻지 못한다는 데 있다.
- 아놀드 토인비(사학자)

영토를 잃은 민족은 재생할 수 있어도 역사를 잃은 민족은 재생할 수 없다.
- 신채호(사학자)

영토 재생하다

II. 읽어 봅시다

다음 글을 읽고 질문에 답하십시오.

나라의 이름과 역사 계승 의식

세상에 존재하는 만물은 각자 자기 나름의 이름을 갖고 있다. 사람은 자기 이름을 달고 평생을 살아간다. 나라 이름인 국호도 마찬가지로 한 나라와 운명을 같이한다.

우리나라에는 단군이 세운 고조선에서부터 현재의 대한민국에 이르기까지 수많은 나라 이름이 있었다. 어떤 국호는 한 번만 쓰이고 사라졌지만 그렇게 되지 않고 새로운 나라의 이름으로 다시 쓰인 경우도 있다.

한반도를 중심으로 세워진 최초의 국가는 단군이 세운 고조선이다. 그런데 기원전 2333년에 단군이 나라를 세웠을 때의 원래 이름은 조선이었다. 그럼 왜 고조선이라고 부를까? 그 이유는 이후에 세워졌던 다른 여러 조선들과 구분하기 위해서이다. 단군이 세운 조선 이후에 기자가 세운 조선도 있었고 위만이 세운 조선도 있었기 때문이다. 그리고 1392년 이성계가 고려 왕조를 멸망시키고 새 왕조를 세우면서 다시 조선이라는 나라 이름을 썼다.

대한민국이라는 나라 이름은 2천 년 전에 한반도에 있었던 나라인 삼한(마한, 진한, 변한)에서 유래했다. '한'은 19세기 말, 대한 제국이란 나라 이름에 다시 등장하여 3.1운동 이후 대한민국 임시 정부를 거쳐서 오늘의 대한민국으로 계승되었다. 현대에 와서 한반도 남쪽의 대한민국과 북쪽의 조선이라는 나라 이름은 모두 몇 천 년 전에 사용했던 나라의 이름을 다시 사용한 것이다. 이처럼 우리나라는 예전에 사용했던 나라 이름을 새로운 나라의 이름으로 다시 사용함으로써 이전의 역사를 계승해 왔다.

그럼, 우리나라 역사상 가장 많이 사용된 국호는 무엇이었을까? 앞서 언급한 '조선'이나 '한'도 있지만 누군가는 '고려'를 떠올릴 것이다. 기원전 37년에 주몽이 한반도 북쪽에 세운 나라의 이름은 고구려였는데 이후 고려라는 이름을 같이 썼다고 한다. 901년에 궁예가 고구려 영역에 나라를 세우면서 민심을 얻기 위해서 고려라는 국호를 사용했다. 그 후에 왕건이 궁예를 몰아내고 새로운 나라를 세우면서 국호를 다시 고려로 정했다. 그 이름도 주몽의 고구려 즉, 고려를 계승한다는 의미에서 붙여졌다. 고려라는 나라 이름은 적어도 고구려 때부터 왕건의 고려까지 거의 천 년 동안 사용되었다. 대한민국의 영문 국호인 코리아(COREA, KOREA)도 여기서 비롯된 이름이다.

우리나라 국호의 특징은 나라를 세웠을 때 그 이름을 새로 짓는 것이 아니라 예전에 썼던 나라 이름을 다시 사용하는 것이다. 국호를 계승하는 데에는 이 땅에서 이전의 역사를 이어간다는 정신이 들어 있다. 고구려 이후 고려와 조선을 거쳐 오늘날 남한의 대한민국과 북한의 조선에 이르기까지 모두 예전의 국호를 다시 사용하고 있다. 그렇다면 남북한이 통일되었을 때의 나라 이름도 아마 예전에 썼던 나라 이름들 가운데 하나가 되지 않을까? 하루빨리

만물　국호　기원전　단군　왕조　유래하다　계승되다　언급하다　몰아내다

남북한이 하나가 되어서 나라 이름을 무엇으로 할까 고민하는 가슴 벅찬 시대가 오길 바랄 뿐이다.

(출처: 조경철, 『나만의 한국사』 (일부 재구성))

1 이 글의 중심 내용은 무엇입니까? (   )

① 나라 이름이 역사에 남는 이유
② 남북통일 후의 나라 이름 정하기
③ 한국인이 가장 선호하는 나라 이름
④ 나라 이름에 나타난 역사 계승 의식

2 '조선'이라는 이름과 관계가 <u>없는</u> 것을 고르십시오. (   )

① 현재 북한의 국호로 쓰이고 있다.
② 단군이 세운 고조선의 원래 이름이다.
③ 궁예를 몰아내고 세운 나라의 이름이다.
④ 고조선은 다른 시기의 조선과 구별하기 위한 이름이다.

3 한국 국호의 특징은 무엇인지 쓰십시오.

____

벅차다

4 이 글을 읽고 다음 표를 완성하십시오.

국호가 계승된 사례				
고대 삼한	→	대한 제국	→	1) ______
주몽의 고구려, 고려	→	2) ______	→	3) ______
4) ______	→	코리아 (COREA, KOREA)		

III. 정리해 봅시다

여러분 나라의 이름은 언제부터 사용되었습니까? 그 이름의 의미는 무엇입니까?

1392년 조선 건국
조선: 해가 일찍 뜨는 동방의 나라

19과

한국 역사의 이해

2. 소중한 문화유산

MP3 / 47

• 학습 목표: 문화유산에 대한 글을 읽고 이해할 수 있다.

준비해 봅시다

1 한국에서 박물관을 관람하거나 유적지를 여행한 경험이 있습니까? 무엇이 기억에 남습니까?

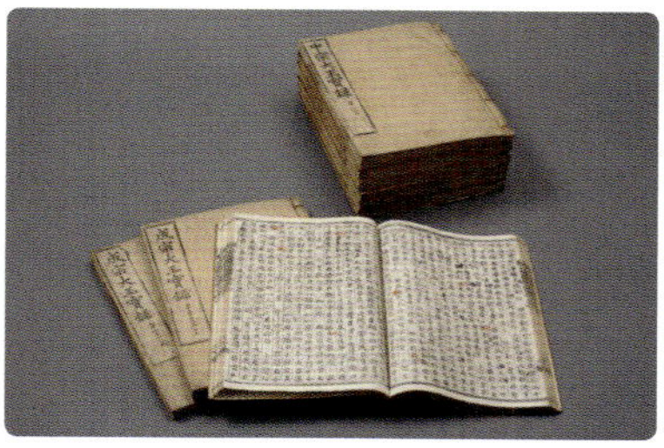

2 여러분 나라에서 많이 알려진 문화유산은 무엇입니까? 문화유산을 보존하기 위해서 어떤 노력을 하고 있습니까?

문화유산은 원래의 모습대로 보존되어야 한다.
문화유산은 주위 환경과 함께 무분별한 개발로부터 보호되어야 한다.
문화유산은 그 가치를 재화로 따질 수 없는 것이므로 결코 파괴·도굴되거나 불법으로 거래되어서는 안 된다.
문화유산 보존의 중요성은 가정·학교·사회 교육을 통해 널리 일깨워져야 한다.
모든 국민은 자랑스러운 문화유산을 바탕으로 찬란한 민족 문화를 계승·발전시켜야 한다.
- 문화유산 헌장 중에서

재화 일깨우다 현장

Ⅱ. 읽어 봅시다

다음 글을 읽고 질문에 답하십시오.

역사는 누가 지켜 나가는가

대학에서 '한국 문화유산의 이해'라는 강의를 하면 첫 시간에 이런 질문을 던져 본다. "우리나라 역사에서 가장 자랑하고 싶은 문화유산이 무엇이라고 생각하세요?" 학생들이 여기저기서 대답한다. "한글이요.", "불국사요.", "고려 대장경이요." 여러 문화유산 가운데 내가 듣고 싶은 답은 '고려 대장경'이었다. 첫 번째는 아니어도 항상 다섯 손가락 안에 대장경은 꼭 들어간다.

'대장경'은 부처님의 가르침을 담은 경전을 모두 수집해 기록한 것이다. '고려 대장경'은 이 대장경을 나무판에 새긴 것으로 고려 시대에 만들어졌다고 해서 '고려 대장경'이라고 하는데, 불경을 새긴 나무판의 숫자가 8만여 개여서 '팔만대장경'이라고도 하고 현재 경남 합천 해인사에 보관되어 있어서 '해인사 대장경'이라고도 부른다. 고려 후기의 왕 고종은 부처님의 힘으로 외적을 물리치기를 바라는 절실한 마음으로 승려들은 물론 백성들과 함께 16년에 걸쳐서 대장경을 완성했다. 경판의 글자는 통일된 글씨체를 훈련한 사람들이 종이에 쓰고 솜씨가 좋은 장인들이 이 글자를 나무판에 새겨서 만들었다. 글씨는 마치 한 사람이 쓴 것처럼 비슷하고 오자나 탈자도 없었다. 경판은 완전하게 보존되어 있고 새겨진 경전의 내용 또한 불교학계에서 가장 권위 있는 것으로 학문적인 가치를 인정받았다. 한 자 한 자 정성을 다한 것인 만큼 가장 오자가 없는 대장경이라는 점에서도 높은 가치를 지닌다. 거기에다가 대장경 경판을 통해서 볼 수 있는 고려 시대의 수준 높은 목공예 기술도 인정받아서 2007년에 세계 기록 유산으로 지정되었다.

고려 대장경은 본래 강화도에서 만들어졌지만 조선 초기에 한양을 거쳐서 해인사로 옮겨졌다. 해인사가 있는 합천 지역은 산이 험해서 전쟁이 일어났을 때 한 번도 피해를 입지 않은 곳이었기 때문이다. 하지만 1950년 한국 전쟁 때 큰 위기가 있었다. 전쟁의 전세가 역전되어 국군이 북으로 진군하게 됐을 때 북한군 일부가 미처 북한으로 후퇴하지 못해서 산속으로 숨어들게 되었고 산에 있는 절을 근거지로 게릴라전을 수행하였다. 그때 미군은 절에 숨어 있는 북한군들을 몰아내고자 절을 폭격할 것을 명령하였다. 가야산 해인사도 폭격 대상에 포함되었다. 폭탄을 실은 전투 편대가 해인사 상공까지 날아왔고 폭탄 한 방이면 해인사에 보관되어 있는 '고려 대장경'이 이 세상에서 사라질 긴박한 상황이었다. 그런데 당시 편대장은 고심 끝에 폭격 작전을 거부하고 해인사에는 폭탄을 투하하지 말라는 명령을 내렸다. 그 명령에 따라서 비행기들은 폭탄을 해인사가 아니라 그 주변에 터뜨렸고 그래서 오늘날까지 '고려 대장경'이 남아 있게 되었다. 문화재청이 발간한『수난의 문화재』에는 사찰을 파괴하는 데는 하루면 충분하지만 해인사 같은 사찰을 세우는 데는 천 년의 세월이 필요하다는 사실을 그가 너무나 잘 알고 있었기에 가능한 일이었다고 기록되어 있다.

경전　절실하다　장인　오자　탈자　전세　역전되다　상공　편대장　투하하다
고심　발간하다　수난

고려 대장경의 경우처럼 문화유산을 지켜 낸 사례도 있지만 한국은 많은 전란과 어려움을 겪으면서 안타깝게 잃어버린 유산들이 많았다. 먼 과거로 거슬러 올라가지 않아도 많은 한국인들은 대한민국 국보 1호로서 서울의 상징이었던 숭례문이 방화로 불타 버린 일을 기억하고 있다. 방송을 통해서 잿더미가 되어 가는 숭례문의 모습을 보면서 국민들은 허탈감과 슬픔을 느꼈을 것이다. 한순간의 실수나 방심으로 인한 화재나 무분별한 개발로 인해서 오랜 세월 지켜 온 유산들이 소실되거나 훼손된다면 돌이킬 수 없는 일이 될 것이다. 지금까지 소중하게 지키고 보존한 문화유산은 한국을 넘어 온 인류의 재산이니만큼 정부는 물론이고 일반 국민 한 사람 한 사람이 관심을 기울여서 미래의 후손들에게 선조의 발자취를 남겨 주어야 한다.

1 각 단락의 중심 내용을 연결하십시오

1)	첫 번째 단락 •	• 자랑스러운 문화유산
2)	두 번째 단락 •	• 고려 대장경의 소실 위기
3)	세 번째 단락 •	• 문화유산을 보존해야 하는 이유
4)	네 번째 단락 •	• 고려 대장경의 제작 과정과 가치

2 '고려 대장경'의 여러 이름과 그렇게 부르는 이유를 모두 쓰십시오.

이름	이유
고려 대장경	1)
2)	3)
4)	5)

방화 허탈감 발자취

3 이 글의 내용과 다른 것을 고르십시오. (　　)

❶ 고려 대장경은 학생들이 자랑스러워하는 문화유산 중의 하나이다.
❷ 고려 대장경이 제작된 기간은 알 수 없으나 시기는 기록되어 있다.
❸ 고려 대장경은 불교학적 가치뿐만 아니라 예술적 가치도 인정받았다.
❹ 고려 대장경의 제작 장소는 강화도였지만 보관 장소는 몇 번 바뀌었다.

4 이 글에서 문화유산이 소실된 원인을 모두 찾아서 쓰십시오.

1) ______________________________

2) ______________________________

3) ______________________________

4) ______________________________

III. 정리해 봅시다

문화유산을 보호하기 위한 활동에 관심이 있습니까? 어떤 활동을 할 수 있는지 알아 봅시다.

단체	주요 활동
문화재청 문화재 지킴이	문화재 보호를 위한 재능 기부
한국 내셔널트러스트	옛 가옥 보존
학교 동아리	문화재 주변 정화 활동, 답사 활동

20과

한국의 풍습

1. 출생, 관례, 혼례

MP3 / 48

• 학습 목표: 관례, 혼례에 대한 이야기를 듣고 이해할 수 있다.

준비해 봅시다

1 한국의 가족 행사를 본 적이 있습니까? 여러분 나라에는 어떤 가족 행사가 있습니까?

2 여러분 나라에서 현대에도 지키는 풍습이나 의례가 있습니까? 전통적인 풍습을 지키는 것에 대해서 어떻게 생각합니까?

모든 인간의 생활에는 역사적인 전통이 있다.
- 윌리엄 셰익스피어(극작가)

전통이란 과거로부터 이어 온 것으로 현재의 문화 창조에 이바지하는 것이다.
- 이기백(역사학자)

전통을 존중하는 것은 좋은 일이지만 전통 때문에 질식하는 일은 없어야 한다.
- 에드워드 핼릿 카아(역사학자)

오래된 씨는 생명의 싹을 내부에 갖고 있다. 그것은 다만 새 시대의 토양에 뿌려질 필요가 있는 것이다.
- 타고르(작가)

질식하다

Ⅱ. 들어 봅시다

[1] 듣고 질문에 답하십시오.

1 들은 내용과 같은 것을 고르십시오. (　　)

① 관례는 15세가 넘어야 치를 수 있었다.
② 관례를 올린 사람에게 말을 놓지 않았다.
③ 과거에는 관례보다 혼례를 더 중요시했다.
④ 관례를 치러도 장가를 가야 어른으로서 대우를 받았다.

[2-3] 듣고 질문에 답하십시오.

2 누가 누구에게 전하는 말입니까?.

1) ＿＿＿＿＿ 이/가 2) ＿＿＿＿＿, 3) ＿＿＿＿＿ 와/과 4) ＿＿＿＿＿ 에게

3 들은 내용과 같은 것을 고르십시오. (　　)

① 오늘 이 집안의 외동딸이 결혼을 한다.
② 신부 아버지는 평소처럼 자연스럽게 말했다.
③ 신랑, 신부는 양가 부모의 도움으로 혼수를 장만했다.
④ 신랑과 신부는 같은 직장에서 만나서 결혼하게 됐다.

관례　상투　의례　혼례　혼주　혼사

[4~6] 다시 듣고 질문에 답하십시오.

4 들은 내용으로 알 수 없는 것은 무엇입니까? (　　)

① 신랑과 신부의 이름
② 결혼식을 올린 계절
③ 신부 아버지의 직업
④ 신랑과 신부의 교제 기간

5 들은 내용과 같으면 O, 다르면 X 하십시오.

1) 오늘 딸을 시집보내게 되어 서운함이 말할 수 없이 크다. (　　)
2) 오늘 결혼식의 주례는 신랑의 대학 시절 교수님이다. (　　)

6 신랑과 신부가 들은 덕담이 아닌 것을 고르십시오. (　　)

① "건강 관리를 잘해라."
② "서로를 배려하면서 살아라."
③ "두 사람의 힘으로 좋은 집을 마련해라."
④ "튼튼한 믿음과 사랑으로 어려움을 이겨라."

인륜지대사　고이고이　반려자　사돈　교제하다

Ⅲ. 정리해 봅시다

여러분 나라에서 중요하게 생각하는 전통적인 의례는 무엇이 있습니까? 왜 중요하게 생각합니까?

미얀마의 신뿌 의식

일본의 성인식

서양의 금혼식

20과 한국의 풍습

2. 장례와 제례

MP3 / 49

• 학습 목표: 제례에 대한 글을 읽고 이해할 수 있다.

준비해 봅시다

1 여러분 나라에서는 장례식을 어떻게 합니까? 현대의 장례 문화에서 전통적인 방식과 달라진 것이 있습니까?

■ 장례(장묘) 방법 선호도

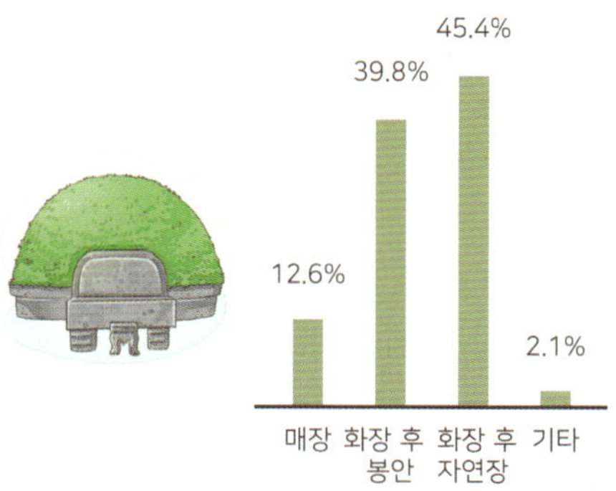

자료 : 하늘그린

연도별 화장률

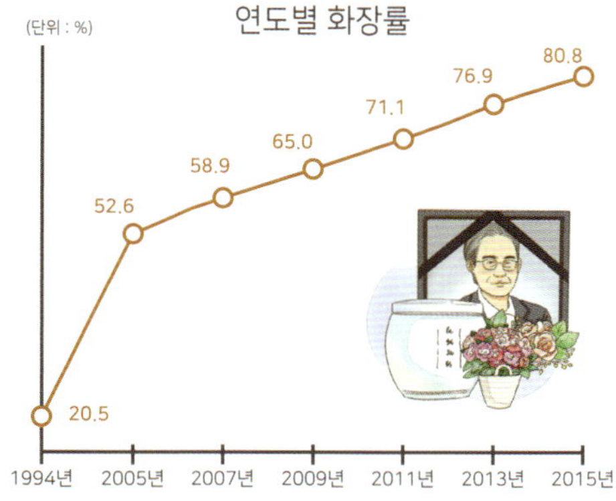

자료 : 한국장례문화진흥원

2 여러분은 돌아가신 분을 어떻게 기억하고 추모합니까? 한국의 제사와 비슷한 풍습이 있습니까?

우리는 죽음 자체를 두려워하지만 대부분은 죽음이 우리 자신보다 다른 사람을 데려갈지 모른다는 사실을 더 두려워한다.
- 프레데릭 베크만(소설가)

이 세상에 죽음만큼 확실한 것은 없다. 그런데 사람들은 겨우살이 준비를 하면서도 죽음은 준비하지 않는다.
- 레프 톨스토이(소설가)

인생은 그 입구에서 볼 때 한없이 멀고 아득하다. 인생을 그 출구에서 볼 때는 오히려 너무 짧다.
- 아르투르 쇼펜하우어(철학자)

겨우살이

다음 글을 읽고 질문에 답하십시오.

한국의 풍습, 제사

한국에서는 고인이 돌아가신 날을 기일이라고 하는데 해마다 기일에 고인을 추모하는 의례가 바로 제사이다. 일반적으로 그 집안의 장자나 장손이 제주가 되어서 매년 제사를 지내는데 밤 11시에서 새벽 1시 사이에 지낸다. 돌아가신 날의 첫 시간에 지내기 위해서이다. 옛날에는 하루를 '자시, 축시, 인시, 묘시, 진시, 사시, 오시, 미시, 신시, 유시, 술시, 해시'라고 해서 12개의 시간으로 나누었는데 '자시'가 밤 11시부터 1시였기 때문에 보통 자시의 중간, 즉 자정쯤에 제사를 지냈다. 그러나 요즘은 현대인의 생활 여건에 맞춰 참석하는 가족들이 불편하지 않게 기일 저녁의 적당한 시간에 제사를 지내고 있다.

제사를 지낼 때 제사상에는 보통 밥, 국, 나물, 전, 과일, 떡 등을 올리는데 술잔에 술을 따라서 드리고 고기나 생선 등의 음식 위에 젓가락을 올려서 돌아가신 분이 드시기를 청한다. 이때 숟가락을 밥 가운데에 꽂아 놓아서 식사를 하시게 한다. 이렇게 제사를 지낸 후에 음복하는 시간을 가지는데 음복은 조상께서 주시는 복된 음식을 나눠 먹는다는 뜻이다. 자손을 위한 일종의 뒤풀이 시간으로 온 가족이 제사 음식을 함께 먹고 돌아가신 분에 대한 이야기를 하며 추모한다.

제사 때 준비해야 하는 음식에 대해서는 지방마다 여러 규칙이 전해져 오는데 사실은 제사 음식에 특별한 규칙은 없다. 음식은 정성이 반이라는 말처럼 진심으로 조상을 기억하고 추모하는 마음이 중요하지 음식의 가짓수나 양이 중요한 것이 아니기 때문이다. 근래에는 예전의 상차림 규칙에 얽매이지 않고 돌아가신 분이 즐겨 드시던 음식이나 과일을 올리기도 하고 가족들이 좋아하는 요리를 준비해서 올리기도 한다.

과거에는 4대 조상까지 제사를 지냈으나 전통 의례가 간소화됨에 따라서 지금은 2대 조상까지만 제사를 지내는 경우가 대부분이다. 제사를 잘 지내는 것이 효를 실천하는 자손들의 기본 도리라고 생각하는 한국의 전통문화에서는 정성껏 음식을 준비해서 조상을 잘 모시는 것이 가장 중요하지만 그 속에는 후손들이 복을 받기를 기원하는 마음도 들어 있다.

한국어에는 누군가가 죽었다는 표현으로 '숨을 거뒀다', '세상을 떠났다', '사망했다', '별세했다' 등이 있다. 그러나 우리가 가장 자주 쓰는 말은 '돌아가셨다'이다. 어디로 돌아가셨을까? 한국인에게 죽음은 육체의 소멸일 뿐 영혼은 새로운 삶을 시작한다는 생각이 마음속에 자리 잡고 있다. 즉 죽음조차 삶의 일부로 보고 이 세상을 떠나서 저세상으로 돌아가더라도 돌아가신 분의 영혼이 늘 후손들 곁에서 지켜 준다는 믿음이 있다. 후손들은 매년 기일에 돌아가신 조상님을 모셔 놓고 감사하는 마음으로 제사를 지내며 정성껏 준비한 음식을 올리는 것으로 효를 실천하는 것이다.

제사 추모하다 제주 자시 음복 나물 전 얽매이다 간소화 효 별세하다 영혼

현대 한국 사회에서는 전통적인 풍습에 따라서 제사를 지내는 집안도 있고 종교에 따라서 추도식을 하는 집안도 있다. 한국의 제사 의례는 돌아가신 분에 대한 그리움과 사랑을 표현하는 시간일 뿐만 아니라 가족과 친지가 화목해지고 유대감을 키울 수 있는 시간을 만들어 준다는 점에서 한국인의 삶에 긍정적인 역할을 한다.

1 이글에서 알 수 있는 것을 모두 고르십시오.

- ☐ 제사의 기원
- ☐ 제사의 종류
- ☐ 제사의 순기능
- ☐ 제사의 역기능
- ☐ 제사 음식의 종류
- ☐ 제사를 지내는 시간
- ☐ 제사를 지내는 이유
- ☐ 제사를 모시는 대상

2 이 글의 내용과 같은 것을 고르십시오. (　　)

① 제사는 후손 중에서 장손만 지낸다.
② 기일에는 아무 때나 제사를 지낼 수 있다.
③ 제사 음식은 양이나 종류보다 정성이 중요하다.
④ 현대 사회에서 제사를 지내지 않는 집안은 없다.

3 이 글의 내용과 같으면 ○, 다르면 X 하십시오.

1) 식구들이 좋아한다고 잡채를 제사상에 올리는 건 예의에 어긋난다. (　　)
2) 집안의 종교에 따라서 조상에 대한 추모 방식이 다를 수 있다. (　　)
3) 죽음은 육체의 소멸이기도 하지만 영혼이 새로운 삶을 시작했다는 의미이기도 하다. (　　)

추도식

4 '자시'에 제사를 지내는 이유는 무엇인지 쓰십시오.

묘비에는 보통 무엇을 씁니까? 여러분은 자신의 묘비에 뭐라고 쓰고 싶습니까?

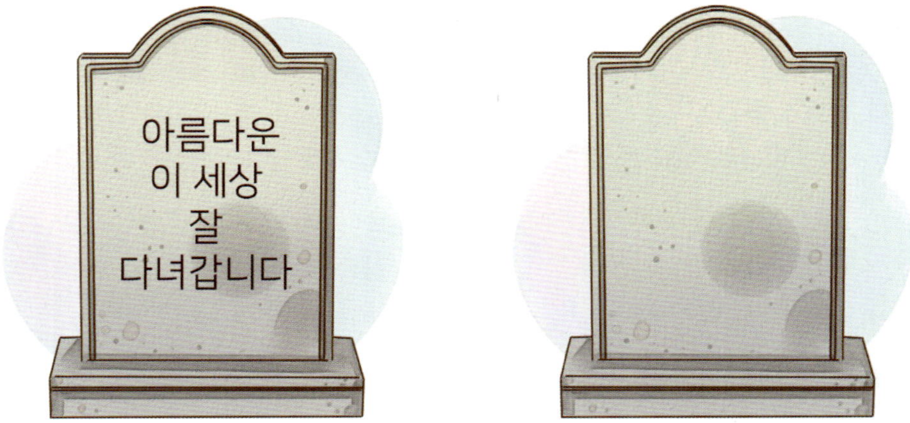

복습

MP3 / 50

다음 글을 읽고 질문에 답하십시오.

네덜란드에서 온 두 남녀가 한국에서 만났다. 한국에서 한국어를 공부하던 신부는 한국에 파견되어 직장 생활을 하던 신랑을 만나서 서로 사랑에 빠졌다고 한다. 결혼식을 어디서 어떻게 올릴까 고민하던 두 사람은 자신들을 만나게 해 준 한국과의 깊은 인연을 생각하며 아름다운 한옥에서 한국의 전통 혼례를 하기로 했다.

마당 한가운데 초례상을 차렸다. 동쪽에는 대나무, 서쪽에는 소나무를 놓고 놋그릇에 밤, 대추, 콩, 붉은 팥을 담았다. 양쪽의 촛대에는 청색 초, 홍색 초를 꽂았다. 대나무와 소나무는 변함없는 사랑을 지킨다는 의미로 상에 올리고 밤은 장수를, 대추는 아들을 많이 낳는다는 의미이다. 동쪽 편과 서쪽 편에 신랑과 신부가 서도록 자리를 펴고 작은 술상도 마련했다.

신랑과 신부가 혼례복을 차려입고 네덜란드에서 오신 신랑 신부의 어머니와 친구들도 한복을 입었다. 보통 한국에서 신랑 어머니는 주로 남색 계열의 한복을 입어야 하지만 비슷한 계열의 보라색으로 입어서 더 멋스러웠다. 신부 어머니는 한국의 풍습에 따라 분홍색 한복을 입었다.

축가로는 한국 친구가 판소리 춘향가를 불렀는데 아주 신명이 나서 어깨가 저절로 들썩여졌다. 하객들은 흔히 보던 결혼식과 다른 분위기를 느끼며 잔치 마당에서 열린 전통 혼례의 색다른 느낌을 즐겼다.

(출처: 김영연, 『나는 혜화동 한옥에서 세계 여행한다』(일부 재구성))

1. 누가 어디에서 무슨 결혼식을 했습니까?

2. 여러분 나라의 전통 혼례는 어떻습니까? 요즘도 전통적인 결혼식을 합니까?

초례상　놋그릇　신명

돌잡이

돌잔치는 아기가 태어난 지 1년이 됐을 때 하는 잔치를 말한다. 한국에서는 첫돌이라고 부르는, 아이의 첫 번째 생일잔치이다. 첫돌은 어느 부모에게나 기쁘고 고마운 일이다. 의학의 발달로 젊고 건강한 노년 인구가 증가하면서 환갑잔치를 별로 하지 않는 추세이나 가구당 자녀 수가 줄면서 돌잔치는 오히려 더 중시하게 되었다. 따라서 아이가 있다면 빼놓을 수 없는 가족 행사가 된 것이다.

시대의 변화에 따라 요즘은 돌잔치도 집이 아니라 식당이나 호텔 같은 곳에서 하기도 하고 축하하러 와 준 가족, 친지, 가까운 친구들과 함께 즐길 수 있는 여러 가지 이벤트 행사도 마련한다. 그중에 전통을 지키면서도 모두에게 기대와 웃음을 주는 행사가 바로 돌잡이이다.

돌잡이란 아기 앞에 아기의 미래를 점칠 수 있는 물건들을 놓고 아기가 하나를 골라서 잡게 하는 의식을 말한다. 대표적인 돌잡이 물건은 실, 복주머니, 마패, 붓과 책인데 돌잡이 물건은 사회적인 분위기나 부모의 기대에 따라서 달라진다. 예를 들어 아이가 의사가 되면 좋겠다고 생각하면 청진기, 아이가 연예인이 되면 좋겠다고 생각하면 마이크 같은 것이 돌잡이 물건에 추가된다.

1. 돌잡이는 언제, 왜 하는 것입니까?

2. 여러분 나라에도 아기의 첫 번째 생일을 위한 특별한 행사가 있습니까?

점치다 마패 붓

부록

듣기 지문
모범 답안
색인

11과 <2> 구인과 구직

II. 들어 봅시다

[1]

여자: 민우야, 표정이 안 좋은데 무슨 일 있었어?

남자: 실은 나 이번에 정규직 전환이 안 됐어. 1년 동안 계약직으로 있으면서 일 잘한다는 칭찬도 많이 들었고 업무 평가 점수도 높은 편이라서 내심 기대했는데…. 회사 사정이 안 좋아서 올해는 정규직을 뽑을 수 없대.

여자: 그랬구나. 어차피 그 회사는 1년만 있을 생각이었잖아. 잠깐 쉬면서 다시 취업 준비를 해 보는 건 어때?

남자: 사실 정말 가고 싶은 회사는 따로 있지만 서른이 넘어서 다시 취업 준비를 하는 게 겁이 나. 은행에서 대출한 대학 등록금도 아직 갚아야 하는데 무작정 회사를 그만둘 수는 없어.

여자: 회사에서는 뭐라고 해?

남자: 6개월만 더 계약직으로 일하면 그때는 회사 사정에 따라서 정규직이 될 수도 있대. 그런데 장담할 수는 없는 것 같아.

여자: 민우야, 어려운 문제이기는 하지만 그래도 나는 네가 정말 원하는 쪽으로 결정했으면 좋겠어.

[2~6]

사회자: 안녕하십니까? '시민과 함께하는 공감 토론'의 진행을 맡은 김영선입니다. 이번 주제는 오랫동안 우리 사회에서 문제가 된 '청년 취업난'입니다. 오늘 토론을 위해서 여당의 김승기 국회의원, 한국 일자리문제연구소의 정민재 소장님, 청년 대표 이경은 씨를 모셨습니다. 먼저 김승기 의원님께서 지금까지 우리 정부가 이 문제에 어떻게 대응해 왔는지 말씀해 주시겠습니다.

국회의원: 안녕하십니까? 국회의원 김승기입니다. 정부는 몇 년 전부터 청년들의 일자리 창출을 위해서 다양한 정책을 시행하고 있습니다. 먼저 공공 기관의 청년 인턴 제도를 통해서 청년들이 공공 기관에서 하는 업무를 미리 체험해 보고 실제 취업 준비를 하는 데 도움이 되도록 하고 있습니다. 그리고 인턴 사원들 중 일부를 정식 직원으로 채용하기도 합니다. 또한 중소기업을 지원하여 매년 신입 사원의 채용 비율을 늘리도록 하고 있습니다. 이외에도 대학생들을 위한 직업 체험 프로그램을 제공하고 있으며 해외 취업을 지원하는 부서도 따로 있습니다.

사회자: 네, 정말 다양한 정책과 서비스가 마련되어 있군요. 그런데 정부의 이 같은 지원에도 불구하고 청년 취업난이 쉽게 해소되지 않는 원인은 무엇일까요? 정민재 소장님, 어떻게 생각하십니까?

소장: 네, 일자리문제연구소 소장 정민재입니다. 질문하신 부분의 원인은 무엇보다 수요와 공급의 차이에 있다고 생각합니다. 정부에서 다양한 일자리를 공급하기 위해서 노력하고 있는 것은 맞지만 여전히 청년들의 일자리 수요에는 못 미치고 있는 것이 현실이지요. 지금보다 더 적극적인 지원책이 필요한데 여기에서도 정부와 기업 간 의견 충돌이 있는 것 같습니다.

사회자: 정 소장님께서는 정부의 일자리 공급이 청년들의 일자리 수요보다는 부족하다고 보시는군요. 이 의견에 대해서 김승기 의원님께서는 어떻게 생각하십니까?

국회의원: 맞습니다. 정부에서 아무리 청년 채용 비율을 늘리라고 권고해도 기업이 이를 수용하지 않으면 실현되기 어렵습니다. 그러나 현재 세계적인 경제 불황으로 인해 실적이 부진한 기업들에게 무조건 더 많은 직원을 뽑으라고 압박을 가할 수도 없습니다. 그나마 고용 여력이 되는 일부 중소기업들이 정부의 정책 방향에 공감하고 여러 지원책을 수용해 주고 있습니다.

사회자: 말씀하신 대로 기업의 입장 또한 이해가 되는 부분입니다. 그렇다면 청년 대표로 나오신 이경은 씨의 의견은 어떠십니까?

청년 대표: 김 의원님께서 설명해 주신 것처럼 정부에서도 다양한 노력을 기울이고 있다는 것을 알고 있습니다. 하지만 실제 구직 활동을 하고 있는 청년들에게는 피부에 와 닿는 것이 별로 없습니다. 정부에서 시행하고 있는 여러 지원 정책들이 청년들에게 제대로 홍보되지 못한 이유도 있고, 또 한편으로는 청년들이 정말 원하는 것을 정부가 모르고 있다는 생각도 듭니다.

사회자: 좀 더 구체적으로 설명해 주시겠습니까?

청년 대표: 사실 대다수의 청년들은 중소기업보다는 대기업에 취업하기를 희망하고 있습니다. 일부 사람들은 이를 두고 청년들이 눈높이를 낮추지 않아서 취업을 못하는 거라고 비판하기도 합니다. 그러나 이는 단순히 청년들만의 문제는 아닙니다. 대기업과 그 밖의 다른 일자리들은 보수는 물론 근무 환경이나 복지 혜택 면에서 엄청난 차이가 있습니다. 어느 직장에 들어가냐에 따라서 삶의 질이 완전히 달라지는데 어떻게 눈높이를 낮추라고만 할 수 있겠습니까?

사회자: 청년들의 이 같은 입장에 대해서 정 소장님께서도 덧붙이실 말씀이 있습니까?

소장: 네, 저 역시 청년 대표의 말에 공감합니다. 사실 정부가 일자리를 늘리기 위해서 다양한 정책을 시행하고 있지만 단순히 일자리를 많이 만드는 것뿐만 아니라 질 좋은 일자리, 즉 청년들이 원하는 근무 환경을 제공할 수 있는 일자리를 창출하는 데 더욱 힘을 써야 할 것 같습니다. 특히 대기업과 중소기업의 여러 격차를 해소하지 않는 이상 현재와 같은 대기업 쏠림 현상은 계속될 것으로 보입니다.

사회자: 지금까지 '청년 취업난'에 대한 다양한 입장에 대해서 들어 봤습니다. 당장 해법을 찾기란 어렵겠지만 지속적인 관심과 논의가 필요한 문제라는 생각이 듭니다. 오늘 나와 주신 세 분 감사합니다.

12과 <1> 시장의 변화

II. 들어 봅시다

[1]

기자: 1인 가구 500만 시대, 혼자 사는 사람들의 숫자가 예상보다 빠르게 늘고 있습니다. 나 홀로 가구가 증가하면서 한국의 소비 시장도 바뀌고 있는데요. 그 현장에 다녀왔습니다.

김우영 씨는 혼자 산 지 7년째인데 외식이 일상이 되었다고 합니다. 들어 보시죠.

김우영: 저는 거의 사 먹어요. 아침은 커피만 마실 때가 많고 점심은 회사에서 먹고 저녁은 간단한 음식을 사 가지고 집에 가서 먹거나 약속이 있을 때는 외식을 해요.

기자: 김우영 씨는 식재료를 살 때는 주로 인터넷으로 주문한다고 합니다.

김우영: 업체마다 다르긴 하지만 보통 전날 11시까지 인터넷으로 주문하면 다음 날 새벽에 집에 도착해요. 데워 먹기만 하면 될 정도로 거의 다 조리가 돼서 나오는 제품도 많고요.

기자: 요즘 마트에 가 보면 소포장 제품이나 끓이기만 하면 되는 '간편 조리 식품'들이 많이 나와 있습니다. 이러한 것들은 모두 나 홀로 가구를 위한 제품입니다. 전자 제품 소비에 있어서도 소형 가전의 인기가 뜨거운데요. 전자 제품 매장에서 일하는 직원분의 이야기를 들어 보겠습니다.

매장 직원: 이런 소형 제품도 인기가 많지만 의외로 프리미엄 제품이나 대형 제품을 찾는 고객분들도 많습니다. 아무래도 집에 있는 시간이 많다 보니 혼자 살더라도 성능이 좋은 제품을 구입해서 제대로 즐기시려는 경향이 있는 것 같습니다.

기자: 1인 가구의 증가로 앞으로도 다양한 시장 변화가 있을 전망입니다. 지금까지 YBS 이민아였습니다.

[2~6]

강사: 오늘 강연은 '1인 가구 시대, 변화하는 소비'라는 주제로 시장의 변화에 대해서 말씀드리고자 합니다. 여러분들은 창업에 뜻을 두고 계신 만큼 누구보다도 민감하게 시장을 바라보고 계실 줄 압니다.

여러분은 한국에서 가장 흔한 가구 형태가 무엇이라고 생각하십니까? 한국은 세계에서 가장 빠른 수준으로 1인 가구가 증가하고 있습니다. 이미 2016년에 전체 가구 중 27.9%가 1인 가구로 조사돼 전통적인 가구 형태인 3인 가구 21.4%와 4인 가구 18.3%를 누르고 1위에 올라섰습니다. 이는 4가구 중 1가구가 1인 가구라는 의미인데 앞으로 2035년에는 그 비율이 34.3%에 이를 것으로 예상되고 있습니다.

이에 따라 전문가들은 1인 가구와 관련된 시장 규모가 2030년에는 약 200조 원까지 성장할 것으로 전망하고 있습니다. 실제로 각 가구의 씀씀이를 보여 주는 평균 소비가 경기 부진으로 인해 최저인 상황에서도 1인 가구의 소비 수준만 현재 증가세를 기록하고 있습니다.

그럼 1인 가구가 이렇게 빠르게 증가하는 이유는 무엇일까요? 경제 저성장, 결혼에 대한 가치관의 변화, 고령화 이 세 가지를 꼽을 수 있겠는데요. 먼저 청년층은 경제 저성장에 따른 취업난 등으로 결혼을 포기하는 경우가 늘고 있습니다. 또한 결혼에 대한 생각이 바뀌면서 미혼이나 이혼에 대해서 좀 더 수용하는 분위기이고 여성들의 경제 활동도 더욱 활발해졌습니다. 한편 노년층에서는 평균 수명이 길어지면서 이혼, 사별 등의 이유로 홀로 사는 노인이 증가하고 있습니다.

자, 그럼 1인 가구의 증가는 소비 시장에 어떤 영향을 미칠까요? 시장의 변화를 예측하기 위해서는 1인 가구의 특징을 알아야겠는데요. 첫째, 1인 가구의 가장 큰 특징은 자신을 위한 투자를 아끼지 않는다는 점입니다. 여행, 자기 계발, 레저, 건강, 취미 등 자신의 관심 분야에 적극적으로 지출을 합니다. 그리고 나만의 공간인 집을 중요하게 생각해서 집에서의 여가 활동, 집 꾸미기에도 관심이 많습니다. 두 번째로는 구매 방식에 있어서 온라인을 선호합니다. 정기 배송 서비스나 24시간 배송 서비스, 공동 구매 관련 앱과 온라인 커뮤니티 이용자가 늘고 있습니다. 셋째, 타인의 영향을 덜 받는 소비도 1인 가구의 특징입니다. 1인 가구 소비자는 가격 대비 성능이 좋은 가성비가 높은 제품을 선호하고 가격 대비 심리적 만족감이 높은 가심비 소비를 하는 경향이 있습니다. 해외에서 직접 구매하는 방법을 통해서 좋은 제품을 더 싸게 구입하려는 모습도 볼 수 있으며 이와 관련된 산업도 확대되고 있습니다. 마지막으로 1인 가구는 간편하고 빠른 것을 선호합니다. 이런 특징이 가장 잘 나타나는 부분이 음식입니다. 복잡한 요리를 하기보다는 간편 조리 식품, 즉 가정 간편식을 즐겨 이용합니다. 편의점을 애용하는 것도 같은 이유라고 볼 수 있습니다.

1인 가구의 이러한 특징을 고려할 때 여러분은 어떤 산업에 투자를 하시겠습니까? 최근 솔로이코노미(solo economy)와 같은 새로운 경제 용어까지 등장했는데요. 일단 수요가 감소되는 부분이 있을 겁니다. 예를 들어 결혼식장이나 한복 대여점 같은 결혼 관련 산업이나 대형 마트, 대형 아파트, 패밀리 레스토랑 등은 서서히 시장이 좁아질 것입니다. 반면 1인 가구 소비자를 위한 시장은 확대되겠지요.

음식 소비의 경우에 혼자 밥을 먹는 '혼밥'을 하는 사람들이 늘어서 1인 고깃집과 같은 1인 식당이 성행할 것입니다. 그리고 패스트푸드, 배달 음식, 즉석식품, 가정 간편식 등에 대한 수요가 늘 것입니다.

주택의 경우에는 1~2인 가구를 위한 소형 주택의 수요가 늘 것입니다. 그리고 주거 공간이 좁아짐에 따라서 소형 가전, 소형 가구, 필요에 따라 모양을 바꾸어 사용할 수 있는 가구, 버릴 때 아깝지 않은 합리적인 가격의 제품을 선호하게 될 것입니다. 이미 집이 좁아져서 짐을 보관해 주는 서비스 업체와 가구나 운동 기구, 가전제품 등 물건을 공유하는 업체가 생겼고요. 집을 공유하는 셰어하우스 등의 인기도 날로 높아지고 있습니다.

여러분, 현재 그리고 미래의 주요 고객으로 떠오른 1인 가구를 잡기 위해서 우리는 무엇을 준비해야 할까요? 오늘 강연은 여기서 마치겠습니다. 고맙습니다.

12과 <2> 소비자 피해와 보상

Ⅱ. 들어 봅시다

[1]

새댁: 안녕하세요? 무슨 일 있으세요?

이웃 주민: 어머 새댁, 잘됐다. 지금 다른 집에도 물어 보려던 참이었는데 새댁네 집은 괜찮아? 비 오는 날 천장에서 막 물 새고 그러지 않아?

새댁: 물이 새다니요? 아니요, 저희 집은 괜찮은데요.

이웃 주민: 사실 우리 집은 얼마 전에 하자 수리를 받았는데도 그러네. 그래서 아파트 시공업체에 다시 말했는데 일정을 알아보는 중이라고 하면서 계속 미루기만 해.

새댁: 저희 집은 사실 소음 때문에 고생하고 있어요. 전에 살던 아파트는 이웃집 소음이 이렇게 크게 들리지는 않았는데요.

이웃 주민: 아파트가 벽이 좀 얇은 것 같지 않아? 우리 윗집은 저녁마다 아이가 집에서 줄넘기를 하는지 시끄러워서 살 수가 없어. 그래서 그 집에 올라가서 아이들 좀 조용히 시켜 달라고 말했는데도 소용이 없어. 그렇다고 이웃끼리 싸울 수도 없고.

새댁: 거주자들끼리 다툴 문제는 아닌 것 같아요. 시공업체 담당자를 직접 만나서 해결 방법을 찾아보는 게 어떨까요?

이웃 주민: 연락은 해 봤지. 그런데 처음 한두 번은 친절하게 전화를 받더니 요즘은 바쁘다고 하면서 피하더라고.

새댁: 그럼, 1372 소비자 상담 센터에 연락해 볼까요?

이웃 주민: 1372 소비자 상담 센터?

새댁: 네, 그쪽에 연락하면 먼저 피해 상황에 대해서 해결이 가능한지 상담을 받을 수 있대요. 그리고 요건에 해당되면 한국 소비자원에 피해를 신고하고 도움도 받을 수 있대요.

[2~6]

진행자: 이제는 세탁도 전문화 시대입니다. 예전에는 드라이클리닝을 해야 하는 의류 정도만 세탁소에 맡겼었는데 이제는 이불, 카페트 같은 대형 빨래, 운동화와 같은 특수 세탁물은 물론 가정에서 간단하게 물세탁할 수 있는 세탁물까지 세탁 전문점에 맡겨서 처리하는 경우가 늘고 있습니다.

저렴한 가격으로 빠르게 세탁해 준다는 장점이 있지만 저렴한 가격만 믿고 맡겼다가 옷이 손상되거나 분실되는 경우도 늘고 있습니다. 하지만 이런 세탁물 피해는 증명하기 어려울 뿐만 아니라 세탁소가 발뺌하면 속수무책입니다. 세탁소에 맡긴 내 옷이 손상되어 돌아왔을 때는 어떻게 해야 할까요? 소비자 상담 센터 김보미 소장님의 말씀을 들어 보겠습니다.

소장: 소비자와 사업자 간에 분쟁이 있을 때 이를 해결하기 위해서 마련된 기준이 있는데요. 그 기준에 따르면 세탁물의 색깔이 변하거나 손상됐을 때 우선 세탁업자가 비용을 부담해서 원상회복을 시켜야 하고 원상회복이 불가능한 경우에는 손해 배상을 해야 합니다. 또한 세탁물을 분실하거나 하는 경우에도 역시 세탁업자가 변상해야 합니다.

진행자: 그렇군요. 요즘은 소비자들이 의류뿐만 아니라 신발 세탁도 많이 의뢰하는데요. 신발 세탁 피해 배상은 의류와 다르다고 합니다. 박미자 변호사님, 신발의 경우는 어떤가요?

변호사: 신발 세탁 피해의 경우에는 그게 제품 자체의 하자 때문인지 아니면 세탁 과정에서 발생한 문제인지, 품질 표시에 취급 사항 표시가 잘못돼서 발생한 문제인지를 판단해야 합니다. 따라서 소비자는 무엇보다도 피해가 발생한 신발을 반드시 피해 상태 그대로 보존하셔야 합니다.

소비자 분쟁 해결 기준에 따르면 제품에 하자가 있는 신발을 판매한 경우에 그 제품의 품질 보증 기간 내에서는 판매자가 수선, 교환, 환불의 순서에 따라서 배상을 해야 합니다. 그리고 세탁소의 세탁 하자로 인해서 물건에 문제가 생겼을 경우에는 물품의 종류와 소재, 제품을 사용한 일수 등을 고려하여 제품 구매 가격의 10~95%까지 세탁업자가 보상을 해야 합니다. 여기서 사용 일수는 물건을 구매한 날로부터 세탁을 맡긴 날까지의 기한을 얘기합니다. 따라서 피해 제품에 대한 보상 금액은 그 제품의 구입 액수, 종류, 소재 등에 따라서 달라지게 됩니다.

진행자: 피해를 어떻게 보상받을까도 중요하지만 사전에 피해를 예방하는 것도 중요하겠습니다. 세탁 피해를 줄이기 위해서는 어떻게 해야 할까요?

소장: 세탁업자는 소비자가 세탁물을 맡길 때 세탁물의 오염 정도나 세탁물의 상태에 대해서 소비자와 함께 꼼꼼히 확인을 해야 합니다. 이렇게 확인을 하지 않고 세탁물을 인수했을 경우에는 분쟁이 발생하면 세탁업자가 모두 책임을 져야 합니다. 세탁업자는 세탁물을 접수할 때 인수증을 반드시 발급해야 되고 소비자도 인수증을 반드시 요구해서 보관하도록 해야 합니다. 인수증은 세탁업 분쟁이 발생했을 때 손해 배상의 기준이 되므로 매우 중요합니다.

변호사: 세탁업자를 직접 만나서 피해 보상을 요구해도 들어주지 않을 때에는 우체국에 가서 내용 증명을 보내는 것이 좋습니다. 내용 증명에는 세탁으로 인해서 발생한 피해 상황을 자세히 적고 요구하는 배상 금액을 쓰면 됩니다. 내용 증명을 보낸 후에도 세탁업자가 이에 응하지 않는다면 소비자 분쟁 조정 위원회에 조정을 신청하거나 다른 법적인 절차를 진행할 수 있습니다.

진행자: 오늘은 세탁물 피해와 관련해서 두 분 전문가를 모시고 말씀을 들어 봤습니다. 실생활에 꼭 필요하고 유용한 정보였습니다. 고맙습니다.

13과 <1> 옷차림과 유행

Ⅱ. 들어 봅시다

[1]

남자: 요즘 사람들이 옷차림에 대해서 말할 때 티피오(TPO)가 중요하다는 말을 자주 하던데 그게 무슨 뜻이야? 모르면서 아는 척하자니 조금 민망하더라고.

여자: 티피오를 모른단 말이야? 티피오의 T는 영어로 시간이고 P는 장소, O는 상황이라는 뜻이야.

남자: 그런데 그게 무슨 말이냐고? 시간, 장소, 상황이 뭐 어떻다는 거야?

여자: 시간과 장소 그리고 상황에 맞게 옷을 차려입는 것을 의미해.

남자: 그런데 옷을 시간, 장소, 상황에 맞춰서 입는 건 너무 피곤하고 쓸데없는 일 아니야? 돈 낭비가 될 수도 있고.

여자: 큰돈을 쓰면서 유행을 앞서가는 사람들처럼 화려하고 세련되게 입어야 한다기보다는 티피오(TPO)에 맞는 옷차림을 하는 게 중요하다는 얘기야.

남자: 오늘 좋은 거 배웠다. 나도 시간과 장소, 상황에 맞는 옷차림을 해서 패션 테러리스트(fashion terrorist)가 되지 않도록 노력해야겠다.

[2~6]

진행자: 오늘은 패션 디자이너 이상호 선생님을 모시고 유행과 패션에 대한 말씀을 듣겠습니다. (박수)

이상호: 여러분은 유행에 민감하십니까? 유행이 무엇이라고 생각하십니까? 유행이란 한 사회 내에서 일정한 수의 사람들이 일정한 기간 동안 유사한 문화 양식과 행동 양식을 받아들여서 공유하는 사회 현상입니다. 복식을 비롯해서 문화 상품이나 디자인, 생활 방식, 운동, 과학 기술 등의 여러 가지 문화가 유행의 대상이 될 수 있습니다.

오늘 제가 말씀드리고 싶은 유행의 대상은 바로 복식입니다. 복식은 가장 대표적인 유행의 대상으로서 옷뿐만 아니라 머리에 쓰는 모자, 발에 신는 신발이나 허리에 두르는 띠와 같은 여러 가지 장식이 포함됩니다. 이러한 복식의 유행을 바로 패션이라고 부릅니다. 처음에는 몇몇 사람들이 특정 복식의 스타일을 채택하여 공유하게 됩니다. 그런데 그 스타일이 소수의 사람들로부터 점차 확대되어서 많은 사람들이 공유하게 되는 과정이 바로 '패션의 유행'입니다. 1920년대에는 이 패션의 유행을 전염병에 비유하기도 했습니다. 어떠한 힘으로도 막을 수 없으며 순식간에 일사천리로 퍼지는 유행의 전염성과 파급력을 강조한 것입니다.

이러한 유행의 전염성과 파급력은 현대에 와서도 마찬가지입니다. 변화의 흐름에 뒤처지지 않아야 한다는 인식이 커지면서 유행에 뒤처지지 않으려고 패션에 대해서 공부하는 현대인들이 늘고 있습니다. 현대인은 패션뿐만 아니라 최신 유행하는 것들에 민감하게 반응합니다. 또한 빠르게 변화하는 유행을 따라잡기 위해서 많은 시간과 비용을 소비하고 있습니다. 여러분 또한 그렇지 않습니까? 오늘만 해도 여러분은 인터넷이나 대중 매체에서 최근에 유행하는 패션 상품들을 이미 접하셨을 겁니다. 아마도 몇 분은 이미 카드 결제를 끝내신 분들도 계시겠지요? (웃음)

여러분과 같은 20대 젊은 층은 디지털 환경에 자주 노출되다 보니 최신 유행 상품들을 쉽게 접하게 됩니다. 그렇기 때문에 더더욱 다른 사람에게 보이는 나의 모습, 다른 사람을 향한 나의 시선, 즉 시각적인 측면에 더욱 민감하게 반응할 수밖에 없습니다. 물론 다른 사람보다 뒤처지지 않겠다는 욕심과 다른 사람들보다 앞서 유행을 주도하고 주목을 받고 싶어 하는 마음도 크다고 할 수 있겠습니다. 자신이 먹은 음식이나 새로 산 옷 등의 사진을 찍어서 에스엔에스(SNS)에 자랑하고 싶어 하는 욕구가 바로 이러한 이유에서 나온 것입니다.

하지만 패션이나 어떠한 스타일이 유행한다고 그것만 무분별하게 따라하다가 보면 자기 고유의 스타일을 잃어버릴 수 있습니다. 유행이나 패션에 관심을 가지고 즐기되 자신만의 스타일을 지켜야 합니다. 패션은 곧 개성입니다. 옷으로 그 사람의 개성이 표현됩니다. 그래서 자신의 느낌에 따라서 옷을 입는 게 정말 중요합니다. 패션은 많은 사람들 속에서 자신을 구별해 주는 도구입니다. 나는 누구인지, 무엇이 나를 특별하게 만드는지 고민하지 않고서는 나만의 개성있는 패션 스타일을 찾을 수 없습니다.

물론 최신 유행을 따르는 것도 좋지만 유행을 따르지 않아도 얼마든지 나만의 스타일을 표현할 수 있습니다. 옷을 통해서 누구나 스스로 자신을 표현하는 작가가 될 수 있습니다. 그러니까 여러분은 이제부터 옷을 입을 때 자신에게 물어봐야 합니다. 오늘 나는 누구를 만날지, 어떤 옷을 입고 어떤 이야기를 할지 그리고 그 옷을 입고 어떤 일을 할지 말입니다. 그렇게 한다면 여러분은 분명히 옷을 통해서 자신만의 방식으로 자신의 이야기를 할 수 있으리라고 생각합니다. 하지만 패션에 신경을 쓰지 않는 것도 패션입니다. 그 역시 표현하고 싶어 하지 않는 나만의 패션 스타일이며 나를 표현할 수 있는 방법이기 때문입니다.

자, 오늘 여러분은 옷으로 무슨 이야기를 하시겠습니까?

14과 <2> 대중 매체의 변화

Ⅱ. 들어 봅시다

[1]

남자: 오늘 인터넷 방송 '써 보고 말한다'에 대한 신문 기사 봤어?

여자: 아니 못 봤는데 왜?

남자: 너도 알다시피 내가 1인 방송인, 최지석 씨가 하는 그 인터넷 방송을 즐겨 보잖아. 어제 방송에서 최지석 씨가 노트북을 소개했거든. 자신이 직접 돈을 주고 샀는데 가볍고

다른 노트북들과 비교해 봤을 때도 가성비가 좋다고. 사실 어제 그 방송을 보고서 나도 살 뻔했다니까.

여자: 어머, 그런데 본인이 직접 구매하고 사용해 본 게 아니었구나?

남자: 맞아, 광고가 아닌 순수한 후기인 척 소개를 했는데 오늘 신문 기사를 보니까 업체로부터 협찬을 받고도 자신이 직접 산 것처럼 새빨간 거짓말을 한 거였어. 일명 뒷광고를 한 거지. 화가 날 정도로 실망스러웠어.

여자: 영향력이 있는 방송에서 왜 그런 거짓말을 했을까? 요즘 최지석 씨가 인기 있는 1인 방송인으로 꽤 유명해지고 있었는데 다 된 죽에 코 빠뜨린 격이네.

[2~6]

진행자: 오늘은 한국 대학교 언론홍보영상학부 최형진 교수님을 모시고 최근 유튜브나 인스타그램을 중심으로 급증하고 있는 1인 방송의 열풍에 대해서 이야기를 나누어 보겠습니다. 교수님, 안녕하십니까?

교수: 네, 안녕하십니까?

진행자: 먼저 1인 방송이 무엇인지 간단하게 설명해 주시겠습니까?

교수: 1인 미디어라고도 불리는 1인 방송에 대해서 말씀드리기 전에 먼저 대중 매체에 대해서 간단히 살펴보겠습니다.

진행자: 대중 매체라고 하면 신문, 라디오, 텔레비전 방송 등을 말씀하시는 겁니까?

교수: 네, 예를 들면 그런 것들입니다. 인간과 인간은 서로 소통을 하며 살아갑니다. 누군가가 자신의 메시지를 다른 사람에게 전달할 때 보내는 사람은 발신자, 받는 사람은 수신자라고 한다면 그 중간에서 수신과 발신을 돕는 매개체가 바로 '매체'가 되는 겁니다. 그런데 동일한 메시지를 불특정 다수인 대중에게 일시에 전달하기 때문에 대중 매체라고 부르는 것입니다. 여기에서 바로 대중 매체의 특징인 일방성, 획일성, 상업성이 나타나게 됩니다.

진행자: 그런데 대중 매체 중에서 요즘 1인 방송이 선풍적으로 인기를 끌고 있는 이유는 뭘까요?

교수: 쌍방향성의 특징 때문이 아닐까 생각됩니다.

진행자: 쌍방향성이라고 말씀하셨는데 그 말씀은 서로 소통할 수 있다는 뜻으로 봐도 될까요?

교수: 그렇습니다. 과거의 산업 사회에서는 텔레비전이나 라디오, 신문, 책 같은 일방향성의 특징을 가진 매체가 전부였습니다. 하지만 오늘날 현대 사회는 정보 사회로 언제, 어디서나 인터넷을 할 수 있는 환경이 조성됐고 개인의 태블릿, PC, 스마트폰 등 디지털 기기의 사용이 확산됐습니다. 이를 통해서 인터넷 통신 연결을 매체로 하는 뉴 미디어 시대, 다시 말해서 새로운 매체 시대로 진입하게 됐고 그로 인해 1인 방송이 가능하게 된 거죠.

진행자: 교수님, 1인 인터넷 방송의 쌍방향성에 대해서 좀 더 자세히 설명해 주시겠습니까?

교수: 방송을 보면서 구독자들은 채팅을 통해서 실시간으로 방송에 참여할 수 있고 방송을 진행하는 1인 방송인 역시 구독자들과 의견을 서로 공유하고 반응합니다. 수신자와 발신자 사이에 특별한 유대감이 생기는 것은 물론이고 함께 방송을 즐기는 구독자들도 서로 연대감을 느끼게 됩니다.

진행자: 1인 방송이라는 매체 안에서 독특한 문화가 형성되는군요. 그런데 최근 1인 방송의 수요가 증가하면서 너나 할 것 없이 1인 방송 시장에 뛰어들고 있는 현재 상황에 대해서는 어떻게 생각하십니까?

교수: 앞에서 대중 매체의 특징에 대해서 말씀드렸다시피 1인 방송은 기존의 대중 매체에서 볼 수 없었던 자유성이 드러난다는 점에서 가치가 있다고 봅니다. 또한 다양한 콘텐츠 역시 1인 방송의 강점으로 볼 수 있습니다. 그동안에는 흔히 먹방이라고 불리는 먹는 방송이나 영화, 노래, 댄스 등 음악과 관련된 콘텐츠가 대부분이었다면 최근에는 일상, 요리, 에이에스엠알(ASMR) 등의 생활 밀착형 콘텐츠로 확장됐습니다.

진행자: 긍정적인 면에 대해서 말씀해 주셨는데 물론 부정적인 면도 있겠지요?

교수: 네, 1인 미디어 시장이 급성장하는 과정에서 나타난 속칭 '뒷광고'와 음란물을 비롯한 유해 영상물, 가짜 뉴스 문제 등 부작용 또한 만만치 않습니다. 또한 무심코 사용된 음악, 영상 등의 저작권 침해 문제도 심각합니다.

진행자: 사실 얼마 전에도 유명한 인터넷 1인 방송인이 특정 업체로부터 협찬을 받고도 방송에서 자신이 직접 구매한 것처럼 속여서 제품을 소개한 사실이 밝혀지면서 논란이 됐습니다. 마지막으로 이러한 문제에 대해서 한 말씀 해 주시겠습니까?

교수: 네, 저는 1인 방송을 개발, 제작하시는 분들께서 소명 의식을 가지고 만들어 주셨으면 합니다. 방송이 사람들에게 많은 영향을 끼칠 수 있다는 사실을 잊지 않고 유익하고 건전한 콘텐츠의 개발과 투명한 소비 환경의 조성을 위해서 노력한다면 뉴 미디어 시대의 1인 방송은 온전한 산업으로 성장하고 사회 발전에 기여할 수 있으리라고 봅니다.

진행자: 오늘 말씀 감사합니다.

15과 <2> 하나가 되는 지구촌

II. 들어 봅시다

[1]

여자: 시청자, 여러분 안녕하세요? 오늘 '이 사람을 만나다'에서는 글로벌 청년 센터에서 활동하고 있는 김준영 씨를 모셨습니다. 김준영 씨, 먼저 글로벌 청년 센터에 대해서 소개해 주시겠습니까?

남자: 네, 글로벌 청년 센터는 세계 청년들과 교류하고 나눔 활동을 하면서 국제 사회에 기여하고자 하는 자원봉사 엔지오(NGO) 단체입니다. 다양성을 존중한다는 의미로 우리 단체의 구호는 '차이를 사랑하라'입니다.

여자: 그렇군요, 이번엔 구체적으로 어떤 활동을 하신 건가요?

남자: 해외의 한국 유학생과 국내의 외국인 유학생, 그리고 한국 대학생들이 함께 충청북도 농촌 지역에 봉사 활동을 다녀왔습니다. 장마가 끝나고 시작된 폭염과 농사일로 힘들었지만 밥상에 오르는 음식의 소중함을 느끼며 농부의 마음을 조금이나마 이해할 수 있었습니다. 또 이번 활동이 인연이 되어서 오는 11월에는 외국인 유학생과 같이 김장을 해서 서울에 있는 다문화 가정과 장애인 분들에게 나눠 드릴 계획도 있고요.

여자: 세상을 따뜻하게 만드는 여러분의 활동을 응원해 주시는 분들이 많을 것 같습니다다만 일반 시민들이 함께 참여할 수 있는 방법도 있습니까?

남자: 행사 때마다 시민들께서 청년들을 위해서 직접 기부를 하실 수도 있고 인터넷상에서 응원 기부나 공유 기부, 댓글 기부로 저희들의 활동을 도와주실 수도 있습니다.

[2~6]

진행자: 안녕하십니까? '뉴스 초점' 시간입니다. 최근 국제 사회에서 난민 문제에 대한 논의가 활발해지고 있습니다. 분쟁 지역과 가깝다는 지리적인 여건 때문에 주로 유럽 지역 국가의 관심사였는데 우리나라에서도 난민 지위 신청을 하는 사례가 언론에 보도되면서 관심을 끌고 있습니다. 오늘은 시청자 여러분과 난민 문제에 대해서 알아보는 시간을 갖겠습니다. 박 기자님 나와 주셔서 감사합니다. 우선 난민을 어떻게 정의할 수 있습니까?

박 기자: 난민이란 인종 또는 종교적, 정치적 차이로 인해 발생한 문제 때문에 생명의 위협을 받아서 다른 지역이나 외국으로 탈출하는 사람들을 말합니다. 좁은 의미로는 전쟁이나 천재지변으로 어려움에 빠진 이재민을 의미하기도 합니다.

진행자: 네, 자유 무역과 경제 통합으로 하나의 지구촌을 추구하는 세계화 시대가 되었지만 여전히 이 세계 어딘가에서는 크고 작은 분쟁과 내전이 일어나고 있어서 문제인 것이지요?

박 기자: 그렇습니다. 전쟁, 갈등과 폭력, 기아와 질병으로 생명에 위협을 받는 상황에서 어쩔 수 없이 고향을 떠나거나 국경을 넘어야 하는 사람들이 바로 난민입니다. 자유로운 삶을 얻기 위해서 생명을 잃을 수도 있는 위험을 감수해야 합니다.

진행자: 그런데 한반도 주변 상황으로 보면 우리 국민에게는 좀 낯선 문제인 것 같습니다.

박 기자: 네, 지난달 전국 만 18세 이상 남녀 1,016명을 대상으로 조사한 결과에 따르면 '난민을 알고 있다'고 응답한 경우가 37%였습니다. 이 수치는 2년 전에 26%였던 것에 비하면 꽤 상승한 수치입니다. 특히 남성과 고학력층에서 상승 폭이 컸습니다. 그리고 조사 대상의 33%가 난민 수용에 찬성한다고 답했는데 난민 수용을 찬성하는 이유로는 난민 인권 존중 차원에서라는 응답이 가장 많았습니다. 아직도 한국인에게 난민 문제는 다소 낯선 문제일 수 있지만 언론을 통해서 이해도가 높아지고 있다고 봅니다.

그리고 역사적으로 보면 우리나라도 한국 전쟁으로 고향을 잃고 난민이 된 실향민이 많았는데 타향에서 정착하기까지 겪었던 고통과 어려움들을 떠올리면 난민들이 처한 어려움에 어느 정도 공감하실 수 있을 것 같습니다.

진행자: 난민들에 대해서 국제 사회는 어떤 대책을 마련하고 있습니까?

박 기자: 국제 사회는 여러 가지 방법으로 난민의 구출과 원조에 나서고 있습니다. 대표적으로 유엔 난민 기구의 활동을 들 수 있습니다. 이 단체의 주된 임무는 난민들을 보호하고 경제적으로 지원하면서 그들의 인권이 보장될 수 있는 국제적 환경을 조성하는 것입니다. 유엔 난민 기구는 인도주의적인 입장에서 물질적인 구호 사업을 할 뿐만 아니라 난민들이 보건 의료 서비스와 교육받을 기회를 제공합니다. 또한 난민 등록 같은 법적인 문제도 도와주고 탈출 과정에서 헤어진 가족을 다시 만날 수 있도록 지원하면서 그들이 고향으로 돌아가는 일과 새로운 지역 사회에서 안정적으로 정착하는 일도 돕습니다.

진행자: 우리나라는 어떤 역할을 하고 있는지 궁금합니다.

박 기자: 우리나라도 유엔 난민 기구의 회원국으로서 2001년부터는 유엔 난민 기구 한국 사무소를 운영하고 있고, 최근에는 난민 아동 보호 캠페인을 하고 있습니다. 분쟁과 피난 중에 가족을 잃고 홀로 남겨진 아이들이 미래를 꿈꿀 수 있도록 후원하자는 운동이지요.

진행자: 그렇군요. 나라와 고향을 떠나서 공동체에 속하지 못했다는 이유로 소외되고 불행해지는 사람들이 더 이상 없도록 국제 사회가 함께 노력하는 것이 진정한 평화를 위하는 길이라는 생각이 듭니다.

17과 <2> 환경 파괴와 환경 보호

II. 들어 봅시다

[1]

진행자: 요즘 유행에 따라서 저렴한 옷을 다양하게 구매해서 그 계절만 입고 버리는 소비자들이 늘고 있다고 합니다. 이러한 패스트 패션(fast fashion)이 환경에 미치는 악영향을 우려하는 목소리가 높은데요. 한국 환경 연구소 이자연 박사님과 전화로 연결해서 알아보겠습니다. 박사님, 안녕하세요? 패스트 패션이 정확히 무엇입니까?

박사: 패스트 패션은 최근 유행을 빠르게 반영해서 빠르게 제작하고 빠르게 유통하는 의류를 말합니다. 물론 기

업에서는 경제적인 이익을 최우선으로 고려한 방식입니다. 하지만 의류를 만드는 과정에서 사용되는 엄청난 양의 물과 화학 제품은 환경 전반에 큰 피해를 끼치게 됩니다. 그리고 옷을 버릴 때에도 여러 가지 환경 문제가 발생하고요.

진행자: 옷을 만드는 소재도 문제가 된다면서요?

박사: 네, 패스트 패션 브랜드는 가격을 낮추기 위해서 천연 섬유보다는 합성 섬유를 주로 사용하는데 합성 섬유는 플라스틱과 유사해서 자연적으로 분해되는 데 수백 년이 걸리고 거기에서 나온 화학 물질이 토양과 지하수를 오염시키게 됩니다. 또한 옷이 썩는 과정에서 가스가 나오는데 이 가스는 지구 온난화의 주요 원인으로 알려져 있습니다.

진행자: 옷 한 벌을 살 때도 환경을 생각하는 지혜가 필요할 것 같습니다.

[2~6]

진행자: 여러분은 하루에 어느 정도의 플라스틱을 소비하고 계십니까? 우리의 일상이 플라스틱으로 이루어진다고 해도 과언이 아닐 텐데요. 오늘은 플라스틱과 환경 문제에 대해서 진단해 보겠습니다. 현장에 나가 있는 박재현 기자를 연결하겠습니다.

기자: 저는 플라스틱 재활용 공장에 나와 있습니다. 여러분이 분리 배출한 플라스틱은 이곳에 도착하면 우선 선별장에서 재질별로 분류됩니다. 플라스틱에도 여러 가지 종류가 있다는 것은 모두 아실 텐데요. 플라스틱의 재질에 따라서 녹는 온도나 강도 등이 다르기 때문에 여러 종류의 재질이 섞여 있으면 재활용이 어렵습니다. 하지만 안타까운 것은 이러한 선별 과정에서 50~60%는 다시 쓰레기가 되어 소각되거나 매립된다는 사실입니다.

진행자: 생각보다 많이 버려지네요. 열심히 분리 배출한 플라스틱이 재활용되지 못하고 쓰레기로 버려지는 이유는 무엇입니까?

기자: 시청자 여러분도 놀라셨을 겁니다. 제가 만난 시민들 대부분이 플라스틱은 재활용된다고 믿고 있어서 한번 쓰고 버리는 것에 대해서 별로 걱정하지 않는 분위기였습니다. 하지만 실제 플라스틱의 재활용률은 35%에 그칩니다. 이 공장에서는 플라스틱을 선별하고 잘게 부숴서 섬유를 만들 수 있는 원료로 가공하는데 플라스틱에 불순물이 섞여 있으면 양질의 원료를 얻을 수가 없다고 합니다. 불순물이 플라스틱 재활용의 최대 적이라고 할 수 있습니다. 참고로 우리가 쓰고 버리는 500ml 페트병 15개면 옷 한 벌을 만들 수 있는 섬유를 얻을 수 있다고 합니다.

진행자: 그렇군요. 깨끗하게 사용하고 깨끗하게 버려야겠습니다. 그런데 재활용률도 문제지만 플라스틱으로 인한 해양 오염도 심각하다고 들었습니다.

기자: 네, 재활용 시설로 가지 못하고 유실되는 플라스틱도 문제입니다. 플라스틱은 가벼워서 물에 잘 뜨기 때문에 물길을 따라서 결국 바다까지 가게 됩니다. 몇 해 전 태평양 한가운데에서 거대한 플라스틱 쓰레기 섬이 발견되었습니다. 크기가 무려 대한민국의 15배가 넘는다고 합니다. 해양 플라스틱 쓰레기는 일차적으로 해양 동식물의 생명을 위협하는 등 생태계에 악영향을 끼칩니다. 그리고 시간이 지나면서 플라스틱은 분해되지 않고 잘게 부서져서 크기 5mm 이하의 미세 플라스틱이 됩니다. 미세 플라스틱은 바닷물 속에 죽과 같은 상태로 있다가 해양 생물들에게 흡수되고 다시 먹이사슬을 타고 최종적으로는 인간의 식탁에 오르게 됩니다. 2015년 한국 과학 기술원에서 조사한 결과에 따르면 전국의 해안 20곳 모두에서 미세 플라스틱이 나왔고 그곳에 사는 해양 생물에서도 미세 플라스틱 성분이 발견되었습니다.

진행자: 그렇지만 우리는 이러한 사실을 알면서도 해산물을 먹을 수밖에 없는 상황이지 않습니까?

기자: 맞습니다. 사실상 바닷물 속에 퍼져 있는 미세 플라스틱을 제거한다는 것은 불가능합니다. 세계 경제 포럼에서 2050년에는 바다에서 플라스틱의 무게가 물고기 무게보다 무거워질 거라고 경고했습니다. 인류의 경각심이 필요하다고 봅니다.

진행자: 플라스틱은 1900년대 초에 발명된 후 저렴하고 자유로운 성형이 가능한 데다가 가볍고 튼튼해서 150여 년간 사랑받아 왔습니다. 하지만 통계에 따르면 1950년~2015년까지 전 세계에서 플라스틱은 생산량의 9%만이 재활용되었다고 합니다. 편리하다고 이대로 계속 써도 될까요? 지금 당장 우리가 행동해야 할 때인 것 같습니다. 이상, 환경의 날 특집 '플라스틱 사용 이대로 좋은가?'를 마치겠습니다. 고맙습니다.

18과 <2> 건축과 공간

II. 들어 봅시다

[1]

기자: 나무로 만든 집이라고 하면 교외의 예쁜 주택이 떠오르시나요? 하지만 나무로도 고층 건물을 지을 수 있다고 해서 현장에 와 봤습니다.

이곳은 나무로 총 19층 규모의 아파트를 짓고 있는 공사 현장입니다. 이러한 대형 목조 건물은 이산화 탄소(CO_2)를 감소시키는 환경 보호 효과가 아주 크다고 합니다. 전문가의 말씀을 들어 보겠습니다.

전문가: 현재 오스트리아에서는 24층짜리 목조 건물을 짓고 있고 일본에서도 2041년까지 70층짜리 목조 건물을 짓겠다고 발표했습니다. 지금 세계는 목조 건축에 주목하고 있습니다. 나무는 지구 온난화의 원인 물질인 이산화 탄소를 흡수하면서 생명과 자연을 이어 주는 친환경 자원입니다. 실제로 9층짜리 목조 건물 1채는 이산화탄소 약 659톤을 저장할 수 있고 배출량은 약 255톤 줄일 수 있는 엄청난 친환경 효과를 보여 줍니다.

기자: 목조 건물은 실제 주거 생활에도 장점이 많다면서요?

전문가: 목조 건물은 단열과 습도 조절 효과가 뛰어난 데다가 건물의 수명도 철이나 콘크리트 건물보다 25년이나 더 깁니다. 아직은 건축 비용이 비싸지만 앞으로 목재 대량 생산과 기술 개발로 경제성을 높일 수 있다고 봅니다.

기자: 기후 변화에 대응하는 친환경 목조 건축이 세계적인 흐름으로 자리를 잡아 가고 있는 현장에서 YBS 김보람 기자였습니다.

[2~6]

진행자: 우리는 지금 기후 변화에 대응해야 하는 시대에 살고 있습니다. 그런데 이러한 기후 변화의 주요 원인인 이산화 탄소 배출량의 50%가 건축물에서 나오고 있다고 합니다. 현재 세계 각국에서는 친환경 건축에 대한 관심이 뜨거운데요. 전문가를 모시고 알아보겠습니다. 안녕하세요?

전문가: 네, 안녕하세요? 한국 건축 환경 연구 센터 연구원 박정우입니다.

진행자: 오늘은 대표적인 친환경 건축물에 대해서 알아보려고 합니다. 먼저 어디를 소개해 주시겠습니까?

전문가: 제일 먼저 소개할 곳은 세계적인 자연사 박물관인 캘리포니아 과학 아카데미입니다. 지어진 지 160년이나 된 오래된 건물인데 2008년에 재건축하는 과정에서 친환경 건축물로 다시 태어났습니다.

그 내용을 보면 우선 옥상 녹화를 통해서 겨울에는 6~10도 정도 더 따뜻하게 만들었고, 여름에는 10도 정도 더 시원하게 만들었습니다.

진행자: 옥상 녹화가 무엇입니까?

전문가: 옥상 녹화란 건물의 지붕이나 옥상에 식물을 심어서 도시에 부족한 녹지 공간을 확보하는 것을 말합니다. 이렇게 만들어진 녹지 공간은 생물의 서식지가 되기도 하고 여가 공간으로도 활용됩니다. 또 공기를 깨끗하게 해 주고 에너지 절약, 소음 감소 등의 효과도 있습니다.

게다가 캘리포니아 과학 아카데미는 재활용 건축 자재로 지어졌습니다. 그리고 버려지는 청바지를 재활용해서 건물 내부와 외부의 열이 서로 통하지 않도록 막아 주는 단열재로 사용했고 소음을 막는 방음에도 사용했습니다. 그리고 한 가지 더 특이한 점은 숨 쉬는 지붕입니다.

진행자: 지붕이 숨을 쉰다고요?

전문가: 네, 언덕 모양의 지붕에 동그란 창문들이 많이 달려 있는데 그 창문들이 주변의 온도와 습도에 따라서 자동으로 열리고 닫힙니다.

진행자: 참 재미있는 건축물이네요. 다음은 어디로 가 볼까요?

전문가: 일본 후쿠오카에 있는 아크로스 빌딩을 소개해 드리겠습니다. 이 건물은 지붕을 계단식으로 만들어서 정원처럼 가꾼 건축물입니다. 계단식 녹색 정원에는 약 5만 그루의 나무가 심어져 있다고 합니다.

진행자: 그런데 지붕에 나무를 심은 것은 아까 말씀하신 옥상 녹화와 같은 것입니까?

전문가: 네, 아시다시피 일본은 지진과 원전 사고의 영향으로 심각한 전력 공급 부족을 겪었습니다. 그래서 건물 외벽이나 지붕에 식물을 가꿔서 에너지 절약 효과를 얻는 녹색 커튼, 녹색 지붕 정책을 도입했습니다.

진행자: 알면 알수록 신기한 건축물이 많습니다. 다음은 또 어디를 소개해 주시겠습니까?

전문가: 독일의 하우스(HAUS) 2019입니다. 독일은 2009년부터 '제로 에너지 빌딩'을 만들겠다는 계획을 세우고 노력한 끝에 해당 건축물을 완공했습니다.

진행자: 제로 에너지 빌딩이라면 건물 스스로 에너지를 생산하는 친환경 건축물이라고 알고 있습니다. 어떻게 에너지를 자체 생산하는지 궁금합니다.

전문가: 우선 지붕에서 태양광 발전을 하고 땅에서 올라오는 열을 이용해서 냉난방을 해결합니다. 또 하나는 목재를 가지고 건축물을 만들어서 나중에 건물을 부수더라도 폐자재가 남지 않고 모두 자연으로 돌아갈 수 있도록 만들었습니다.

진행자: 모든 것이 자연으로 돌아갈 수 있다는 말씀이 인상적입니다. 지구 온난화가 점점 심해지는 지금 친환경 건축에 대한 관심과 중요성이 앞으로 더욱 높아질 것으로 보입니다. 박사님, 오늘 말씀 고맙습니다.

20과 <1> 출생, 관례, 혼례

II. 들어 봅시다

[1]

남자: 성년의 날을 기념하는 의미로 매년 안동시에서 전통 관례를 치르는 행사를 한대요.

여자: 관례를 치르다니 관례가 뭐예요?

남자: 관례는 전통적인 성년식이라고 볼 수 있는데 한국의 중요한 문화유산이에요. 지금은 만 열아홉 살이 되면 성년의 날에 축하를 받는데 과거에는 열다섯 살에서 스무 살이 되면 관례를 행하는 것이 일반적이었어요.

여자: 그렇게 일찍 성년식을 치렀단 말이에요?

남자: 네, 부모님이 편찮으시거나 연세가 너무 많으시면 열다섯 살이 되기 전에 관례를 치르기도 했대요. 관례를 치를 때 상투를 올리는데 그것은 어른이 되었다는 의미예요. 그래서 장가를 가지 않아도 상투를 올린 사람에게는 말을 놓지 않았다고 해요. 옛날 사람들은 관례를 혼례보다 더 중요하게 생각해서 미혼이더라도 관례를 마치면 완전한 성인으로서 인정했다고 하니까 요즘 기념하는 성년의 날보다 더 깊은 의미가 있다고 볼 수 있어요.

[2~6]

여러분, 안녕하세요. 오늘 저희 사위 정민준과 딸 이정희의 결혼식에 이렇게 귀한 걸음을 해 주신 친지와 하객 여러분께 특별히 혼주의 한 사람으로서 깊은 감사의 말씀을 드립니다. 평생 동안 대학에서 학생들을 가르쳐 온 사람이지만 이 자리가 많이 긴

장되는 것을 보니 자식의 혼사가 왜 인륜지대사인지 잘 알 것 같습니다.

오늘은 저희 부부의 첫아이로 태어나서 부모로서 누릴 수 있는 모든 기쁨을 선물해 주고 자랑이 되어 주었던 맏딸 정희를 시집보내는 날입니다. 딸을 고이고이 키워서 시집을 보내면 그 마음이 얼마나 서운할까 싶었는데 사랑하는 딸을 보내는 게 아니라 33년을 기다려서 제 딸의 반려자로, 우리 부부의 아들로 와 준 사위를 맞는다는 기쁨이 더 큽니다. 아들을 이렇게 믿음직하고 훌륭하게 키워 주신 사돈께 감사를 드립니다.

저희 아이들이 주례가 없는 예식을 준비해서 뜻깊은 시간을 갖고 싶다고 하면서 부모님의 말씀을 준비해 달라는 부탁을 했습니다. 같은 직장에서 만나서 교제해 온 두 사람은 이미 독립적인 생활을 하고 있었지만 부모의 도움을 바라지 않고 혼수며 예단을 알뜰하게 장만하고 지혜롭게 결혼 준비를 하는 모습에 얼마나 대견하고 뿌듯했는지 모릅니다. 말솜씨가 부족하지만 딸과 사위의 부탁에 두 사람의 앞날을 축복하면서 아버지로서 몇 가지 덕담을 전하고자 합니다.

사랑하는 내 딸과 사위에게

첫째, 항상 건강을 챙기기 바란다. 건강이야말로 최고의 재산이란다.

둘째, 두 사람이 함께 튼튼한 집을 지어 가길 바란다. 둘이 한 가정을 이루는 것은 인생의 집을 짓는 것이라고 생각한다. 결혼은 인생이라는 집의 기초이니 서로가 믿고 의지하면서 어떤 비바람에도 흔들리지 않는 사랑의 집을 짓기 바란다.

셋째, 항상 서로를 배려하고 존중하는 마음으로 살아가렴.

이 세 가지가 제 딸과 사위에게 꼭 부탁하고 싶은 것입니다. 제가 부탁하는 이 세 가지를 잊지 않는다면 서로 다른 두 인생의 만남이 서로에게 큰 축복이 될 것입니다. 어느 시인이 말한 것처럼 나에게 한 사람이 온다는 것은 그 사람의 과거와 현재 그리고 미래도 함께 오는 것입니다. 한 사람의 일생이 온다는 의미입니다. 서로 다르게 살아온 두 사람이 서로에게 가는 것이 얼마나 특별한 일입니까? 그러니 서로의 다름을 인정하고 서로의 인격을 존중하며 살아야겠지요. 저는 두 사람이 5년이라는 긴 시간 동안 교제하면서 서로 많이 닮아 가고 있음을 보았기에 앞으로 어떤 어려움이 있더라도 서로에게 힘을 주며 믿음을 잃지 않으리라고 믿습니다. 두 사람으로 인해 소중한 인연을 맺게 된 양가 가족과 친지들 모두 두 사람을 따뜻하게 응원할 것입니다.

저희 집안의 경사를 축하해 주시기 위해서 바쁘신데도 불구하고 와 주신 하객 여러분들께 다시 한번 감사의 말씀을 드립니다. 하객 여러분의 고마운 마음 잊지 않겠습니다. 감사합니다.

모범 답안

11-1 적성과 직업

1. ①
2. 1) 외국계 기업을
   2) IT 기업을
3. 1) ○ 2) ○
4. ③

11-2 구인과 구직

1. ③
2. ①
3.

1) 국회의원	문제 해결을 위해서 정부도 다양한 노력을 하고 있다.
2) 소장	정부의 일자리 공급이 실제 수요보다 부족한 상황이다.
3) 청년 대표	구직자들이 효과를 실감할 수 있는 정책이 별로 없다.

4. ④
5. ②
6. ④

12-1 시장의 변화

1. ②
2. ④
3. 1) 자신을 위한 투자를
   2) 자기 계발
   3) 온라인 구매 방식을
   4) 공동 구매
   5) 타인의 영향을 덜 받는
   6) 가심비
   7) 가정 간편식
4. ③
5. ②
6. ②

12-2 소비자 피해와 보상

1. 1) 소음
   2) 시공업체 담당자
   3) 1372 소비자 상담 센터
   4) 한국 소비자원
2.

1) 서탁물 손상	세탁업자가 비용 부담, 원상회복
2) 서탁물 분실	세탁업자가 변상

3. 1) 제품 자체
   2) 수선
   3) 세탁업자가
   4) 제품 구매 가격
   5) 표시
4. ③
5. ④
6. 1) 내용 증명
   2) 조정 신청

◆ 복습 (11~12과)

1. 이 글에서 '바가지 쓰기'는 백화점에서 세일 가격이 아닌 정상 가격으로 비싸게 물건을 사는 경우를 말하고, '바가지 가격'은 거의 모든 사람이 포인트 카드로 할인을 받을 때 포인트 카드를 제시하지 않고 물건을 사는 사람에게 적용되는 가격을 말한다.
2. 생략

13-1 옷차림과 유행

1. ④
2. ③
3. ②
4. ①
5. 옷을 통해 나는 누구인지, 무엇이 나를 특별하게 만드는지 고민해야 한다.
6. 1) 복식을
   2) 운동
   3) 모자
   4) 발에 신는 신발
   5) 장식을
   6) 유행을
   7) 비용을
   8) 시각적인 측면

13-2 세계 속의 한류

1. ③
2. 1) 텔레비전을
   2) 동영상 전문 사이트와
   3) 에스엔에스(SNS)가
3. 1) ○ 2) ○ 3) X
4. 정부 차원의 지원과 다양한 콘텐츠 개발이 필요하다.

14-1 한국 영화의 현주소

1. ③
2. ②
3. 1) ○ 2) ○ 3) X
4. 장기적인 관점에서 근본적인 해결 방법에 대해서 고민해야 한다.

14-2 대중 매체의 변화

1. ②
2. ④

3. 쌍방향성의 특징 때문에
4. ②
5. 1) 신문
   2) 책
   3) 정보 사회
   4) 쌍방향성
6. 1) ○　　2) X　　3) ○

◆ 복습 (13~14과)

1. ①
2. 생략

15-1 봉사하는 삶

1. 1) 걷기를 통해 기부를 한다.
   2) 1m의 길을 걸을 때마다 1원씩 기부금을 적립한다.
2. ①
3. 1) X　　2) ○
4. ③

15-2 하나가 되는 지구촌

1. ③
2. ④
3. ②
4. ①
5. ☑ 보건 의료 지원
   ☑ 교육 기회 제공
   ☐ 내전 중지 협상
   ☑ 지역 사회 정착 지원
   ☑ 난민 귀향 지원
   ☐ 난민 보도 전문 방송국 설립
6. 1) ○　　2) X

16-1 이기주의의 극복

1. ① → ③ → ② → ⑤ → ④
2. ②
3. ②
4. (사고가 났을 때) 아무런 대가도 바라지 않고 자신을 구해 준 남자의 심리가 궁금했고, 그것을 규명하고 싶어서

16-2 함께하는 다문화 사회

1. ②
2. ③
3. 자신이 행복하려면 다른 사람도 행복하게 만들어야 한다는 것
4. ③

◆ 복습 (15~16과)

1. 진로 컨설팅, 가족 관계 회복 프로그램, 다문화 부모 학교
2. 생략

17-1 자연의 아름다움

1. 눈을 뒤집어쓴 화산, 푸른 바다
2. ③
3. ②
4. ③

17-2 환경 파괴와 환경 보호

1. ☑ 물 사용량의 증가
   ☐ 천연 섬유의 부족 현상
   ☐ 만들 때 발생되는 가스
   ☑ 옷에 사용되는 인공 소재
   ☑ 화학 제품 사용의 증가
2. 플라스틱 사용 이대로 좋은가?
3. 1) 분류
   2) 섬유
   3) 매립
   4) 해양
   5) 미세
4. ④
5. ④
6. ②

18-1 한옥의 과학성

1. ①, ④
2. ④
3. ③
4. 여름에 길이 넓은 남쪽에서 들어온 바람이 좁은 북쪽 길로 빠져나갈 때 바람의 속도가 빨라져서 더 시원한 바람이 불게 된다.

18-2 건축과 공간

1. ④
2. 대표적인 친환경 건축물
3. 1) 10도
   2) 청바지
   3) 단열
   4) 숨 쉬는
   5) 습도
   6) 계단식
   7) 태양광
4. ③
5. ③
6. ②

◆ 복습 (17~18과)

1. 한옥 처마 모양의 외벽, 3중 특수 유리 외벽, 유리 외벽 안에 다시 벽을 설치한 것, 실내에 있는 수직 정원으로 에너지를 절약한다.
2. 생략

19-1 한국 역사의 흐름

1. ④
2. ③
3. 나라를 세웠을 때 나라 이름을 새로 짓는 것이 아니라 예전에 썼던 나라 이름을 다시 사용하는 것이다.
4. 1) 대한민국
   2) 궁예의 고려
   3) 왕건의 고려
   4) 고려

19-2 소중한 문화유산

1.
   1) 첫 번째 단락 • — • 자랑스러운 문화유산
   2) 두 번째 단락 • — • 고려 대장경의 제작 과정과 가치
   3) 세 번째 단락 • — • 고려 대장경의 소실 위기
   4) 네 번째 단락 • — • 문화유산을 보존해야 하는 이유
2. 1) 고려 시대에 만들어졌다.
   2) 팔만대장경
   3) 불경을 새긴 목판의 개수가 8만여 개다.
   4) 해인사 대장경
   5) 경남 합천 해인사에 보관되어 있어서이다.
3. ②
4. 1) 전쟁(전란)
   2) 방화
   3) 화재
   4) 무분별한 개발

20-1 출생, 관례, 혼례

1. ②
2. 1) 신부의 아버지가 2) 신랑 3) 신부와 4) 하객에게
3. ④
4. ②
5. 1) X 2) X
6. ③

20-2 장례와 제례

1. ☐ 제사의 기원
   ☐ 제사의 종류
   ☑ 제사의 순기능
   ☐ 제사의 역기능
   ☑ 제사 음식의 종류
   ☑ 제사 지내는 시간
   ☑ 제사를 지내는 이유
   ☑ 제사를 모시는 대상
2. ③
3. 1) X 2) ○ 3) ○
4. 돌아가신 날의 첫 시간에 지내기 위해서이다.

◆ 복습 (19~20과)

1. 네덜란드에서 온 두 남녀가 한국에서 만나 한옥에서 한국의 전통 혼례를 올렸다.
2. 생략

색인

어휘 색인

〈 사진 출처 〉

p.79_조선왕조실록 오대산사고본(문화재청)